[英] 安东尼·波顿 Anthony Bolton　乔纳森·戴维斯 Jonathan Davis 著　马林梅 译

INVESTING WITH ANTHONY BOLTON

选 股

| THE ANATOMY OF A
STOCK MARKET WINNER |

中国青年出版社
CHINA YOUTH PRESS

图书在版编目（CIP）数据

选股/（英）安东尼·波顿,（英）乔纳森·戴维斯著；马林梅译.
—北京：中国青年出版社，2019.5
书名原文：Investing with Anthony Bolton
ISBN 978-7-5153-5192-6

Ⅰ.①选… Ⅱ.①安… ②乔… ③马… Ⅲ.①股票投资–基本知识 Ⅳ.①F830.91
中国版本图书馆CIP数据核字（2019）第039920号

Copyright: Jonathan Davis 2006 except Chapter 1, Chapter 4（part1）Anthony Bolton 2006
Originally published in the UK by Harriman House Ltd in 2006, www.harriman-house.com.
Simplified Chinese translation copyright © 2019 by China Youth Press.
All rights reserved.

选 股

作　者：	〔英〕安东尼·波顿　乔纳森·戴维斯
译　者：	马林梅
责任编辑：	庞冰心
文字编辑：	张祎琳
美术编辑：	张燕楠
出　版：	中国青年出版社
发　行：	北京中青文化传媒有限公司
电　话：	010-65511270/65516873
公司网址：	www.cyb.com.cn
购书网址：	zqwts.tmall.com　　www.diyijie.com
印　刷：	三河市文通印刷包装有限公司
版　次：	2019年5月第1版
印　次：	2019年5月第1次印刷
开　本：	787×1092　1/16
字　数：	176千字
印　张：	15.5
京权图字：	01-2018-8315
书　号：	ISBN 978-7-5153-5192-6
定　价：	59.00元

版权声明

未经出版人事先书面许可，对本出版物的任何部分不得以任何方式或途径复制或传播，包括但不限于复印、录制、录音，或通过任何数据库、在线信息、数字化产品或可检索的系统。

中青版图书，版权所有，盗版必究

目 录

前　言　　007

第一章　敢于与众不同：30年的逆向投资者生涯　　013
（安东尼·波顿）

初入职场　/015

在富达的经历　/018

特殊情况基金　/020

忽略基准　/023

市场如戏　/025

网络泡沫　/028

不断变化的投资环境　/031

股票经纪和研究　/034

选股的秘诀　/035

基金规模及业绩 / 037

公司治理前沿 / 039

投资表现的好坏 / 041

最大持股 / 043

新的投资机遇：中国 / 044

拆分特殊情况基金 / 046

乔玛·克霍恩亮相 / 048

未来的计划 / 051

第二章　投资"王中王"：安东尼·波顿和他管理的基金　055

（乔纳森·戴维斯）

思维缜密 / 057

注重细节 / 060

机遇来临 / 063

确立投资风格 / 064

在富达起步 / 066

一个简单的见解 / 071

波顿喜欢什么样的股票 / 074

广撒网 / 077

在欧洲市场的蓬勃发展 / 080

寻找英国之外的市场机会 / 084

投资想法的来源 / 086

运用技术分析 / 088

应对挫折 /090

牛市及以后的时期 /094

成为万众瞩目的焦点：独立电视台事件 /098

斗争加剧，波顿的影响力有目共睹 /100

即将功成身退 /103

第三章 评估安东尼·波顿的业绩：他的业绩有多出色，又是如何取得的（乔纳森·戴维斯）   107

业绩分析及背景介绍 /109

富达特殊情况基金 /112

不同时期的业绩 /115

风险分析 /121

投资风格分析 /125

欧洲基金的业绩 /127

业绩总结 /129

对业绩的解释 /131

其他人对波顿的评价 /133

伟大的投资者需具备的素质 /136

波顿的成就有多大 /139

成为逆向投资者的重要性 /141

第四章 对投资者的启示   145

我的教训（安东尼·波顿）/147

寻找下一个波顿（乔纳森·戴维斯）／153

附 录　　　　　　　　　　　　　　　　161

附录1：富达特殊情况基金的业绩记录　／165

附录2：基金分析师如何评价安东尼·波顿　／173

附录3：安东尼·波顿的年度10大持股名单　／199

附录4：富达与其投资的公司间的关系　／207

附录5：富达内部研究范例：威廉·希尔公司（William Hill）（2003年春）／215

附录6：富达特殊价值基金的幻灯片演示文稿（2006年7月）／225

附录7：热爱音乐的一生：安东尼·波顿会带至荒岛的8张音乐唱片　／229

附录8：富达特殊情况基金给基金持有人的首期报告的部分页面（1980年10月）／239

前 言

安东尼·波顿在他的办公室里（从其办公室可俯瞰圣保罗大教堂）

鲜有职业投资者配得上"投资大师"的美誉。浏览报纸和专业的投资杂志时，我们不难发现，文章和广告页面充斥着出色业绩的承诺，这些很容易使我们对基金业产生与现实不同的印象。实际上，基金管理仍然是竞争激烈、以销售为导向的行业。正如传奇的投资者沃伦·巴菲特（Warren Buffett）在冷静观察后指出的，基金管理的成功，"25%靠能力，75%靠市场营销"。

在过去的30年里，有数百项学术研究总结出了许多投资者从自身经历中吸取的教训：即使是才华横溢的专业基金经理，也很难长期持续地击败市场，这也是所谓的"被动投资"不断增加，并成为现代投资重要组成部分的原因。"被动投资"指的是，投资者机械地参考主要股票市场指数的投资。

然而，基金业确实存在长期持续地超越基准指数的优秀人才，他们靠卓越的服务获得巨额溢价，引起了猎头的关注和同行的赞誉。近来，一些最优秀、最聪明的人加入了对冲基金这一当前的投资新宠（结果不一定尽如人意）；而另一些人则选择建立自己的专业投资公司，这样他们就不必承受在大公司里面临的压力，从而可自如地发挥自己的才能。

单位信托基金公司和开放式投资公司（OEICs）是数百万私人投资者的主要投资目标，在这些领域，优秀的基金经理鲜有能抵挡住诱惑、一直坚守一家企业的。而在坚守的人中，有一人是公认的佼佼者，他以其一贯出色的业绩从同行中脱颖而出。在针对专业投资者的调查中，这个人经常被同行视为最受尊敬的基金经理。在过去的27年里，他掌管着富达国际基金管理集团的旗舰基金，而且该基金的业绩在单位信托基金中名列榜首。

此人就是本书的主角安东尼·波顿。倘若在1979年富达特殊情况基金（Fidelity Special Situations Fund）刚发行时，你明智地投资了1 000英镑，那么你现在拥有的投资基金已经是原来的120多倍了。如果你当初把这笔资金投入了英国股市，那么你现在拥有的基金价值仅为初始价值的4倍（别忘了，这段时期是英国历史上股市最繁荣的时期之一）。当时有25万多人投资了该基金。到了2006年，即波顿宣布其退休计划前不久，该基金的规模已经超过了60亿英镑，是最初规模的2 000倍。

在超过25年的时间里，该基金的年均复合收益率均略高于20%，这样的卓越业绩可与沃伦·巴菲特、彼得·林奇（Peter Lynch）和约翰·邓普顿（John Templeton）等美国基金管理业的佼佼者相媲美。同样值得注意的是，尽管该基金的规模急剧扩大，但其业绩表现一直很亮眼。1985年至2002年的这17年里，波顿还执掌了第二只基金。这只基金专门投资于欧洲债券，其收益也一直高于同行，给人留下了深刻的印象。

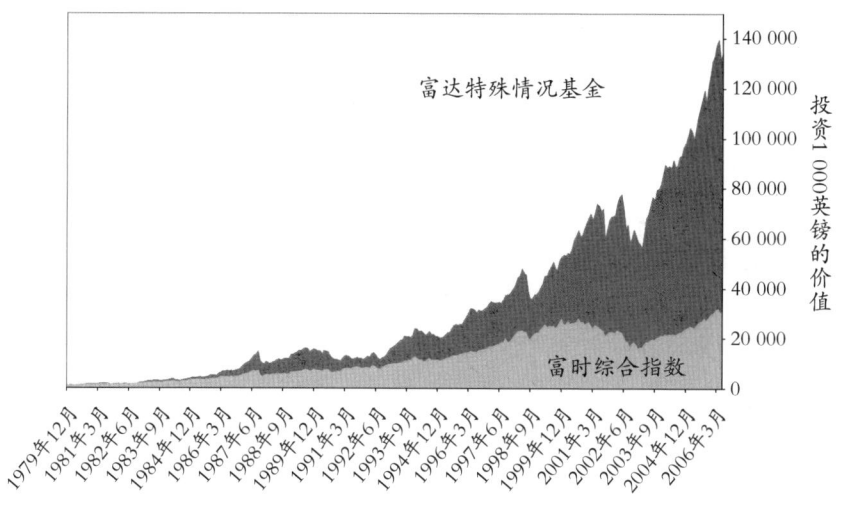

图0-1　基金增长情况：发行时投资1 000英镑的价值

没有其他专业人士能同时在英国和欧洲市场上取得像波顿这样如此持久而出色的业绩。那么，一个显而易见的问题出现了：他是如何做到的？本书初版于2004年12月，正值特殊情况基金成立25周年之际，它深入探讨了助力波顿取得成功的方方面面，畅销十多年不衰。目前的版本已经过彻底的修订和更新，增加了波顿最新的职业生涯故事。

最新版包含以下四个部分：

● 在第一章里，波顿讲述了自己执掌富达特殊情况基金的经历，包括他如何开始管理、为实现理想的结果采用了什么方法、从多年的职业投资经历中吸取了什么经验教训等。尽管记述波顿经历的作品有很多，但这是他首次深入讲述他管理的基金和投资哲学。当前的版本还增加了一部分新内容。在这部分，波顿介绍了他对中国的兴趣，在中国寻找投资机会的计划，并简单介绍了他未来的投资规划以及他最终在2007年底移交英国基金管理权时的计划。

● 第二章更为详尽地介绍了让安东尼·波顿声名鹊起、成为杰出股市投资者所使用的方法。这些内容是在我之前出版的《赚钱大师》（1998）一书基础上的拓展。在过去的10年里，因为要撰写报纸专栏、时事通讯和书籍，我有幸与波顿进行了多次交流。本章内容以这些交流为基础，详细介绍了这位最专注的专业投资者运用的投资方法。

● 第三章深入探讨了富达特殊情况基金创立27年来的业绩表现，并提出了这一问题：其业绩到底有多出色、有多稳定？众所周知，解释基金业绩统计数据是危险之举，对于粗心大意之人而言，可谓陷阱重重。本章内容旨在引导读者理清这些数据，分析其获得出色业绩的原因。除了我自己的观察之外，本章还借鉴了许多了解安东尼的专业人士的观点。

● 最后一章内容虽然简短，却汇集了贯穿全书的各种主题。首先，安东尼介绍了自己在多年的职业生涯中汲取的经验教训；

其次，我为基金投资者们寻找下一个波顿这一艰巨的任务提供了一些明智的方法。尽管金融市场与季节一样变幻无常，但还是存在一些永恒的原则可使投资者从中受益。投资领域鲜有新思想问世，即使有，也不意味着旧思想会失效。

● 在附录中，读者可找到有关富达特殊情况基金业绩的更多数据；专业基金分析师对基金风格和风险状况的详尽评估；早期基金报告的摘录；对波顿有关富达公司治理问题的专访；富达研究团队完成的典型企业分析案例报告。一些读者对波顿的工作细节颇感兴趣，这些材料能够满足他们的需要。值得一提的是，为了使波顿的形象更加立体，附录中首次披露了他喜欢的音乐作品。

★ ★ ★

美国最受尊敬的投资顾问查理·埃利斯（Charlie Ellis）多年来一直在研究专业的投资者并与他们开展合作。几年前，我询问他，他从研究和合作中得到的最重要的结论是什么。他的回答是，人们花了太多的时间查看业绩数据，但这些数据往往具有误导性。谈到自己的投资决策时，他说："我不找与众不同的人，而是找正直、有个性和有头脑的人。智力固然重要，但远不及正直诚信重要。"自那以后，我逐渐领悟到他的看法是何等明智了。

如果一位基金经理正直诚信，从未遭受过人品方面的质疑，而且几乎不会让资金委托人失望，那么，分析这位基金经理取得的成就就是一项令人愉悦的任务。安东尼·波顿可能是你见过的最亲切、最友善的人，但这与他的成功并无什么关联。在伦敦金融城，冷酷无情、令人厌恶之人与和蔼可亲、彬彬有礼之人一样，只要业绩突出，就会得到褒奖。但安东尼·波顿的人品和性格确实让人觉得与他合作是惬意和有益的美事！

乔纳森·戴维斯

半月出版社董事长

出版人、作者、专栏作家

www.independent-investor.com

INVESTING WITH
ANTHONY BOLTON

第一章

敢于与众不同：
30 年的逆向投资者生涯

（安东尼·波顿）

CHAPTER 1 / 敢于与众不同：30 年的逆向投资者生涯

■ 初入职场

玛格丽特·撒切尔首次当选为英国首相的1979年，是我生命中至关重要的一年。现在回想起来，我才意识到，当年我所做的恰是咨询师们最为反对的事情——在很短的时间内结婚、搬家、换工作。我于1979年2月结婚，几周前刚搬了家，12月又跳槽进了富达。我在投资管理公司施莱辛格（Schlesinger Investment Management）工作时认识了我的妻子莎拉（Sarah）。这家公司为南非人所有，业务涉及银行和房地产业。莎拉是一位投资总监的助理，起初我也是投资助理，后来升任为基金经理。那年夏天，该公司两位总经理中的一位，即理查德·廷伯莱克（Richard Timberlake）跳槽到了富达，为其在英国开拓新的基金管理业务。他发布消息称要寻找两位投资经理加盟他新建立的组织。

要不要联系他，对此我犹豫不决，因为有人告诉我，廷伯莱克自称在一段时间内不会雇用其前同事。此时的我对富达几乎一无所知，但有两件事改变了我的想法。第一件，我与在M&G（在20世纪30年代成立了

● CHAPTER 1 / 第一章

英国第一只单位信托基金）担任投资经理的私人朋友取得了联系，他告诉我，富达是"业内最出色的美国基金管理机构"。第二件，我的妻子莎拉拥有一双慧眼，能看出这家新公司的潜力和重要性，她说服我给理查德·廷伯莱克打电话。当时我29岁，有些害羞，对打电话的事情踌躇不决。莎拉再三开导我："你打个电话能有什么损失呢？"最后我打通了电话。事实证明这是我一生中打过的最重要的电话。

与理查德会谈后，他让我去见比尔·伯恩斯（Bill Byrnes）。比尔已经在富达的波士顿总部里工作了很多年，与富达的总裁、公司创始人的儿子奈德·约翰逊（Ned Johnson）关系密切。如果说奈德·约翰逊为富达在20世纪80、90年代的美国市场取得巨大成功立下了汗马功劳的话，那么比尔·伯恩斯就是开创富达国际业务的大功臣，这个时期大多数美国投资企业只关注北美国内市场。作为美国共同基金业市场的领头羊之一，富达具有远见卓识，能看出将其业务拓展至全球市场的潜力。尽管其他报纸未多加报道，但英国的《金融时报》很重视富达开拓国际业务的信息，将其刊发于头版头条。

去见比尔时，我内心有些惶恐。毕竟我只在施莱辛格工作了一两年，并非英国经验最丰富的基金经理。比尔向我提出的最后一个问题是："安东尼，你认为你能在富达管理好基金并在竞争中脱颖而出吗？"我记不起我的回答了，但我肯定说了一些令他相信我能做好的话，因为不久之后我就得到了这份工作。比尔是最有魅力的美国人之一，也是一位出色的亲英人士。那些年他不断地鼓励我，即使现在，他每两年也会到我们的伦敦办事处走一走。

我于1979年12月17日正式进入富达。这一天富达为英国的投资者推出了首批4只单位信托基金。除了我负责的富达特殊情况基金外，还有一只美国信托基金（考虑到富达的总部所在地，设立这只基金并不意外）、一只固定利息信托基金及一只成长兼收益信托基金。最后一只基金由詹姆斯·韦林斯管理，他是理查德招募的两位投资经理中的另一位。他之前从事股票经纪工作，管理基金的风格与我的截然不同。他采用高度量化的方法购买低风险、高收益股票，不断从业绩优于整个股市的公司中获利。

富达在金融城的办事处设在皇后街（Queen Street）。在最初的几年里，我和詹姆斯共用一个办公室。他很可爱，具有复古气质，是个传统主义者，我认为自己也是这样的人，因此我俩相处得很融洽。唯一的例外发生在我们合作共事的最初几周内。最初接受理查德·廷伯莱克面试

富达最年轻的英国投资总监

● CHAPTER 1 / 第一章

时，我提出的一个入职条件是担任投资总监，在30岁之前成为总监是我的一大抱负，但詹姆斯没有提出这样的要求。尽管后来他也被任命为了总监，但对我的任命要比他早几个月。他与我一样雄心勃勃，但由于任命时间比我晚，他变得非常沮丧。这件小事的结果就是，在一段时期内我俩共处一间小小的办公室变得很尴尬，但他很快就忘记了不快，我们的关系又恢复如初了[①]。

■ 在富达的经历

我刚进入富达时，皇后街办事处的工作人员大约有12名，包括理查德·廷伯莱克的创始团队及之前就在伦敦帮助运营离岸基金的三四个人。其中有几只离岸基金是在百慕大设立的，1979年富达在英国的办事处设立时，它们已经运营好几年了，是富达首次面向国际投资者推出的产品。27年后，富达在英国的雇员超过了4290名（截至2006年6月30日），这是多么令人惊叹的变化啊！这些雇员中包括一个由39位组合投资经理和51位分析师组成的投资团队，他们的办公地点在坎农街（Cannon Street）25号。这座办公楼由我们自行设计和建造，不远处就是圣保罗大教堂。这是富达在伦敦设立的第四处办公地点。随着投资管理业务不断增加，办公空间变得日益狭小，管理个人财产也成了一项重要而困难的任务。

经常有人问我，我何以在同一家公司坚守了将近30年的时间，到底是什么让我没有离开富达。显然原因有很多。首先，成为富达团队一分子的兴奋感和满足感，在我眼里，富达是首屈一指的投资管理机构，能够密切

[①] 一段时间后，詹姆斯因其他方面的追求离开了富达。

参与投资团队的组建和发展令我倍感荣幸；其次，我有机会与业内一些最聪明、最有才华和最优秀的人合作共事，这一点对我很重要。多年来，我有很多机会加盟其他公司，但均被我婉言相拒。近年来，很多猎头公司已不再打我的主意了，因为他们都知道劝我跳槽是在浪费时间。

记得20世纪80年代，一家当时最成功的全球对冲基金公司曾邀请我加盟。这已经是这家公司第二次向我抛来橄榄枝了，几年前我就曾与这家公司的老板会过面。这一次与我会面的是该公司国际投资部的负责人。我必须得承认，他是一个特别不讨人喜欢的人。面谈快结束时，他一直在说，他不明白为什么英国人不把致富视为人生最重要的目标，为什么会有金钱之外的动机。

富达的卓越之处在于，它聚集了一批志同道合的优秀人才：每一位资深的员工要么亲自管理资金，要么深知管理好资金是做好富达其他业务的基础。人员素质是我留在富达的关键原因，高素质的人员创造了能留住这么多优秀投资精英的特殊环境。显然薪酬和其他激励措施也很重要，但它们并非一切。我还认为，私营企业能做出长期决策是一个巨大的优势。竞争对手的一位投资经理告诉我，他们的投资管理层在过去4年里经历了3次重组，这是因收购导致其他投资组织进入集团的结果；每一次重组都会导致一些人离职和首席投资官的变动。但富达的成长一直都是有机的，其秉持的关键理念是建设团队而非收购其他公司。我相信这是激励和留住关键员工的最佳方式。无独有偶，另一家规模最大、最成功的全球性投资企业资本研究公司（Capital Research）也是私营企业，而且也实现了有机的增长。这样的结果很有意思，但我认为这绝非巧合。

● CHAPTER 1 / 第一章

■ 特殊情况基金

我为什么创立一只特殊情况基金？特殊情况是何意？理查德·廷伯莱克从一开始就希望我创建一只专注于资本成长的基金，这样可与侧重防御的成长和收入信托基金形成互补之势。我在施莱辛格公司工作时就协助运营过一只特殊情况基金，这也是我最喜欢管理的基金类型，我自然而然地向理查德提出了在富达发行同类基金的建议。他同意了，这只基金也由此诞生了。如果当时有人告诉我说，这只基金的规模有朝一日会增加到60多亿英镑，而且会成为未来26年内业绩最佳的单位信托基金，我肯定会大为吃惊的。我们最初的发行规模不大，当时的想法就是，先看看运行情况如何，然后再做打算。

发行单位信托基金时公布的说明书中列明了符合定义的"特殊情况"。多年来，我一直在改进和修改有关投资方法的描述，但基本的概念，即以主动和逆向的方式寻找资本成长机会，一直未曾改变过。几年后，我还运营了另一只投资信托基金，即富达特殊价值基金（Fidelity Special Values Plc），在其招募说明书中，"特殊情况"被描述为：

"基金经理认为，'特殊情况'是指，相对于净资产、股息收益率或未来每股收益，其价值被低估，但具备一些能对股价产生积极影响的其他特征的公司。"具体来看，可能符合"特殊情况"定义的公司包括如下几类：

- 具有复苏潜能的公司；
- 具有强劲增长潜能的公司；
- 资产价值尚未得到公认的公司；

- 其产品具有特定的市场利基，因而盈利潜能较大的公司；
- 可能被收购的公司；
- 管理层正进行重组或变更的公司；
- 未被股票经纪机构广泛研究的公司。

我们表示，基金经理"很可能关注他认为不受投资者青睐或者按公认的估值指标被低估但他认为投资者态度可能在中期有所改善的公司"。这将使我们专注于那些非市场领头羊公司的股票。我们采用"自下而上"的选股方法，选择投资对象时"主要根据与公司有关的标准而非一般的宏观经济条件"。在注意到自行研究的重要性后，我们补充道："除了对公司财务状况及其相对估值进行分析外，基金经理还要会见大量此类公司的管理人员，目的是建立信息优势。以往的经验表明，利用这一优势可挖掘市场内无效和被低估公司的潜藏价值。在对公司进行投资后，基金经理将密切关注公司动向，并与管理层保持联系，以便及早确定公司状况或前景的任何变化。"

以上简明扼要地总结了我的方法。重要的一点是，特殊情况的界定一直很宽泛，这意味着它可以包括很多不同的类型。如果你的目标是积极地追求资本成长（我的目标一向如此），那么通过限制你可以购买的股票种类来排除潜在的赚钱机会就没有意义。说明书定义中的另一个关键表述是"……不受投资者青睐或被低估"。我的投资风格一直是以"价值"方法为核心的。

在成长和价值这两个最重要的投资风格中，我为什么会选择价值呢？我认为有这么几个原因：首先，我一直喜欢阅读投资大师们的传记或他们撰写的著作。在我看来，这些书籍提供的证据表明，从长期来看，价值法比成长法能带来更高的收益。这并不意味着我否认成长风格是产生高于平均收益的有效方式。只是说从长远来看,价值方法可能更胜一筹而已。其次,有一个因素从一开始就影响了我,那就是当时最受欢迎的单位信托基金M&G复苏基金(M&G Recovery Fund)也是以广义的价值风格运营的,其业务涉及收购业绩不佳的公司,我非常认同它的这一政策。最后,我认为投资经理应该找到适合自己的风格和运作模式,然后坚持下去。出于某种原因,不随大溜会让我非常快乐,与他人做一样的事情会让我感觉不舒服。投资行业中有许多因素促使人们反其道而行。但除非你对自己的投资行为感到快乐,否则,这种方法不大可能对你有利。有人曾问我,我对生活的一般态度是否也如此,我的答案是否定的。一般来说,在我的个人生活中,我会遵循我喜欢的生活方式,有时符合潮流,有时不是。我发现,当自然趋势完全错误时,我的逆向投资风格特别有助于发现市场转折点。我相信,经验对投资非常重要。正如马克·吐温所言:"历史永远不会重演,但它有时会有相同的韵脚",我认

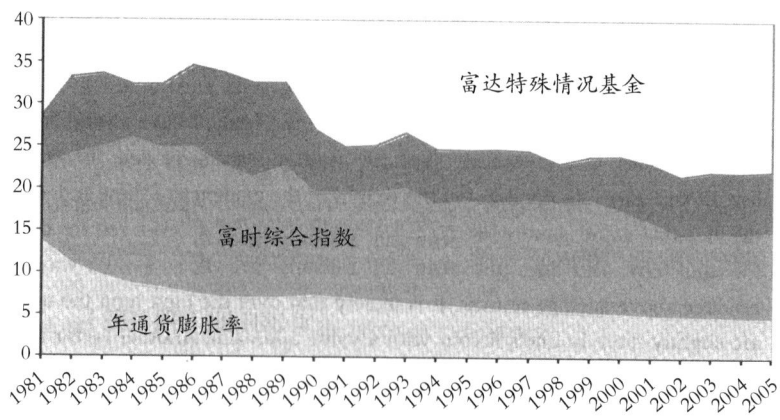

图1-1 基金、市场和通胀率(1979~2006年间的累计平均收益)

为这句话应当成为每一位基金经理的座右铭。

■ 忽略基准

约翰·梅纳德·凯恩斯（John Maynard Keynes）是一位成功的投资者，也是提出原创思想的杰出经济学家。他曾说，在股市中选股就像选美，"重要的不是选出你眼中最美丽的女孩，而是要选出评委眼中最美丽的女孩。"用本·格雷厄姆（Ben Graham）的话说就是，股市更像投票机而非称重机，至少在短期内是如此。我总是在其他投资者不看好的股票中搜寻，这样，当它们发生变化时（我确实能运用我的技能找到那些可能发生变化的股票），就会有很多新买家接盘，因为它们变得更具吸引力了。（然而，在生活中与在股市中相反，我建议你选择自己眼中最美丽的女孩。我当然也是这么做的。）富达特殊情况基金最重要的一个特征直接源于我的逆势而行的哲学，即我管理基金时不会参照基准。也就是说，我很少关注富达特殊情况基金相对于富时综合指数的业绩。综合指数是衡量我业绩的指标或基准，因为人们认为基金的目标是超越该指数。但与许多认同这一目标的基金经理不同，当指数中的石油股占15%时，我不会担心自己是否持有10%的石油股，或者是否持有该指数的最大成分股。

对基准重要性的漠视意味着，随着时间的推移，我的基金能产生比市场平均水平"高得多"的收益。在执掌特殊情况基金的这些年里，我也不可避免地遇到过挫折，然而，我采用的核心方法与沃伦·巴菲特对其搭档查理·芒格（Charlie Munger）的评价是一样的。他说查理·芒格"宁愿在一段时间内获得15%的高收益，也不愿意一直获得12%的稳定收益"。我的目标是尽我所能提供长期的最高年均收益，即使短期内的波动性比较大。这与以基准为导向的基金经理的做法刚好相反,他们试图提供一个季度内相对中等的收益,这样的收益虽比较稳定,但从长期来看收益率却很低。

在入职富达的早期,我还为泰莱(Tate & Lyle)和兰克施乐(Rank Xerox)等公司管理养老基金。然而,我的心思一直主要放在单位信托基金上。一个原因是,与管理养老基金相比,管理单位信托基金享有更广泛的自由。管理养老基金时,每次投资行为发生后,委托人总是会提出质疑。在那段时间里,养老基金的委托人总是想花最多的时间谈论不正确的投资决策或者谈论至少在报告那一刻不正确的投资。

然而,投资是概率游戏,没人能一直正确,我们都试图比竞争对手少犯错误。事实上,在这个行业里,成功的关键在于避免输家和选出赢家。我还认为,以避免所有输家这一过于防守的方式运营资金会对高收益产生反作用。保持头脑冷静是另一个重要的因素,我们应该从输家身上吸取教训,但不能对它们太过沮丧。但过度颂扬赢家也是不明智的,过度自信同样糟糕。要始终铭记,表现最出色的一些股票很容易突然之间就暴跌。

20世纪80年代中期,富达发行了欧洲信托基金,我肩负起了管理这只基金的重任。欧洲大陆让我特别感兴趣的一点是,与英国相比其市场不发达,因此寻找错误定价股票的机会就很多。对于我这样的选股者而言,这是非常有利的环境。随着团队的壮大,我可以逐渐放手机构账户,专心打理我的两只基金了。1990年我还负责管理在卢森堡发行的欧洲成长基金(European Growth Fund),它后来成了富达国际规模最大的基金。这只基金起初只投资于欧洲大陆,不涉足英国,后来转变为泛欧基金,也投资于英国股市。

20世纪90年代初，我们推出了两只封闭式投资信托基金，即1991年的富达欧洲价值上市公司基金（Fidelity European Values Plc）和1994年的富达特殊价值基金（Fidelity Special Values）。我管理这两只基金时运用的投资组合与管理它们的姐妹信托基金运用的投资组合是相似的。它们为投资者利用我的选股能力进行投资提供了替代选择，而且与单位信托基金不同，它们还可以运用杠杆（借入资金）来提高收益。当投资信托基金大幅打折销售时，它们是开放式基金特别有吸引力的替代品。

三年半前，我放手欧洲基金，专职打理特殊情况基金和特殊价值基金，这两只基金的资产总额约为64亿英镑（截至2006年年中）。同时运营4只基金，包括富达3只规模最大的基金，是极为吃力的工作，这涉及监测400只个股，每天参加三四次公司会议。我也到了想减轻工作负担的人生阶段。这意味着要么放弃英国，要么放弃欧洲大陆，我选择了后者，这样，我又回到了我的出发点。

■ 市场如戏

在过去的26年里，有4件事给我留下了极为深刻的印象，它们是1987年的股市崩盘、1991年（伊拉克）对科威特的入侵、1999~2000年间的科技股泡沫破灭和2001年9月份的纽约空袭事件（现通常被称为"9·11事件"）。1987年股市大崩盘前约一周，我最小的孩子本（Ben）在伦敦夏洛特皇后医院出生。为了便于照顾妻子莎拉，我住到了位于伦敦荷兰公园的父母家里。我的岳母在我们汉普郡的家里替我们照顾另外的两个孩子艾玛（Emma）和奥利弗（Oliver）。周四晚上，英格兰南部遭受了大风暴的袭击，即使身在伦敦，由于屋外狂风大作，我也难以入睡。

CHAPTER 1 / 第一章

第二天，我从荷兰公园车站乘地铁去上班时发现，街道上覆盖着厚厚的叶子，仿佛铺了一层绿色地毯，上面还散落着很多小树枝，给人一种身处幻境的感觉。叶子和小树枝都是从荷兰公园大道两旁的树上掉落下来的。

我们原本打算在那个周末为莎拉办理出院手续并返家，但风暴打乱了我们的计划。家里断了电，一棵被狂风刮倒的树砸在了我的汽车上，车也报废了。我的岳母决定带着两个孩子和金毛猎犬"金斯顿"回她在德文郡的家，那里受风暴的影响小得多。莎拉和本则住到了我父母家里。在接下来的周一，华尔街发生了股票大崩盘。先是不能按预期返家，然后又不得不度过股市中最不寻常的几天，当时的我非常迷茫。

崩盘发生后，专业人士的看法呈两极分化态势。我记得一位资深的投资经理告诉我说："当世界上最大的股市日跌幅超过22%时，投资将永远不会恢复如初。"很多评论家预测这次崩盘会导致严重的经济衰退，甚至是萧条。我记得与澳大利亚企业家艾伦·邦德（Alan Bond）共进午餐时，他就表达过这种悲观的看法。无论是乐观的天性使然，还是因我采用的逆向投资方式，我都无法赞同这样的观点。我当时认为，市场会复苏，崩盘实际上创造了一个重要的买入时机。我甚至在富达内部发布了一份公告来表达我的这一看法，这可不是我常有的举动。我的核心观点是，这次股市下跌不会引起同等程度的经济衰退。

股市崩盘后，一些投资者决定出售他们的信托基金，因此我面临着赎回基金的压力，为此我不得不出售基金持有的股票。在1987年的股市恐慌时期，我发现专注于我的投资组合非常有益。我专注于我最喜欢的股票，并强迫自己找出我最有信心的股票。我发现，当牛市持续时，我具有增加持股数量的倾向。因此，市场低迷期也是清除组合内累积持有的一些小规模股票的机会。

幸运的是，尽管股市经历了10月份（1987年）的暴跌，但我的基金在年底仍然上涨了28%，市场仅上涨了7.3%。然而，在崩盘前，我的基金自年初以来已上涨了97.4%，同期市场上涨了45.6%。事后我想，我当时应该对如此大幅度的上涨保持警惕，不过整体来看，我的基金没有受到严重的不利影响。

但此次股票崩盘对作为企业的富达产生了深刻的影响。在此之前的几年时间里，富达实现了强劲的增长，员工数量迅速增加。1987年11月，为配合我们法国业务的启动（事后认为，此时并非启动法国业务的最佳时机），我们在巴黎召开了几次管理会议。在这些会议上，我们的首席执行官向我们展示了一些有关富达业绩的图表。这些图表揭示了一些令人担忧的情况：富达的支出在增加，但收入在下降。因此，我们必须在下一年对业务进行重大调整，包括裁掉一些员工。富达有一条不成文的规定，公司在经济低迷时期不裁撤投资人员。通过保护企业的命根子——投资专业人才，投资团队的完整性得以保持。这支团队为20世纪90年代富达的成功立下了汗马功劳。

3年后伊拉克入侵科威特时，我正在葡萄牙度假。有几年夏天，我们会在8月份去阿尔加维租来的房子里住两周。当时尚未使用手机，我总是要求租住装有电话的房子，这样可随时与办公室取得联系。得知房主承诺阿尔布费拉（Albufeira）外面的别墅装有电话后，我们搬到了那里居住。但到了之后我们才发现，那里的电话有故障。于是，在整整一周的时间里，为了修好这部电话，我每天都得联系别墅公司和电话局，但最终没有任何效果。伊拉克入侵科威特后，我至少每隔一天驱车至阿尔布费拉打电话，了解客户有什么赎回请求并建议出售哪些股票。尽管我把交易工作委托给了一位交易员,让他代我进行买卖,但我并没有让他做买卖哪只股票的决策(除非出现紧急情况且联系不到我)。多年来,我很少把度假时间花在往办公室打电话上,但1991年是个例外。

■ 网络泡沫

1999~2000年间的网络科技泡沫是我经历过的最特别的一段时期。经常有人问我,在投资市场变得如此专业化的时期,我是如何证明自己是一位选股高手的。他们说:"难道市场并不是有效率并被过度研究了吗?大部分的投资异象不是都已被挖掘殆尽了吗?"我在答复中指出,这段时期为我购买"旧式经济"公司的股票提供了最大的机遇。为什么呢?核心的原因必定是大多数投资机构的从众性、新范式的智力挑战("互联网将改变一切")和对动量投资的狂热崇拜。

我对当今股市的总体印象是,投资者只见树木不见森林,忙着利用树木间的无效率进行套利,却看不到森林本身被无效地定价了。例如,我记得当时有过一场激烈的争论,争论的主题是,洛基卡(Logica)和赛奇(Sage)这两只股票中,哪只是信息技术板块最有吸引力的。我的答案是,它们都被严重高估了。2000年,我在对富达的投资组合经理和分析师们发表的关于泡沫的讲话中,解释了泡沫的性质、历史上的先例以及泡沫会如何破裂。一些事件的发生确实让我感觉到,我们身处一个脱离现实的幻境里。

第一个事件是数字新媒体(TMT)板块的许多公司被过度估值。一家名为科维尔系统的软件公司给我留下的印象特别深刻。自该公司20世纪80年代中期首次公开募股以来,我就一直关注着其动向,而且还在早期参观了其位于泰晤士河畔沃尔顿街的总部。该公司的业务涉及供应链和电子商务软件等新兴领域。从1999年6月至2000年3月,该公司的市值增长了10倍以上,达到了20多亿英镑,此时其股票交易额超过了其销售额的60倍。2002年的某个阶段,该公司股价从每股31英镑暴跌为7.5便士。令人惊讶的是,这样的过度估值一而再、再而三地出现。我甚至还记得一家名为神奇公司(Fantastic Corporation)的瑞士软件企业,遗憾的是,它的"神奇"仅维持了一段时间。

第二个事件是托尼·戴伊在飞利浦—德鲁公司(PFDM)的命运。飞利浦—德鲁公司是伦敦最大的养老基金管理机构。托尼·戴伊被视为伦敦价值投资的主要倡导者之一,他于2000年2月被迫离开公司,两周后,即3月10日,纳斯达克指数达到峰值。与此同时,PFDM宣布其正在考虑

办公室里的波顿(身后书架上的圆顶礼帽已无用武之地)

CHAPTER 1 / 第一章

是否仍坚持之前的价值投资方式。对任何逆向投资者而言,这是市场临近转折点的经典信号,当然之后的事实证明了这一点。

最后一件事也令我终身难忘。一位长期以来跟我有联系的公司财务人员在电话中向我提出了一个投资建议。他当时正通过配股来发行一只互联网孵化基金(孵化基金当时是热门,这类基金旨在投资一系列初创的互联网公司,以助力它们成长)。我认为他已经与8家机构都有联系了。我们之间的对话是这样的:"您好,安东尼,我想告诉你一家非常有趣的新公司的事情,我正在推动其上市。""很好,"我说,"我们什么时候可以见到管理层?""我们正在加速推进,但恐怕现在还不行。事实上,今晚我想知道你的想法。安东尼,你应该知道,到目前为止我联系的每家机构不但想要它的股票,而且想得到更多的东西。"

我们随后分析了这家公司的数据。该基金持有的股票组合均来自与网络相关的上市公司和非上市公司。计算后我发现,若以市价对上市公司的股票进行估值,那么就需要为非上市的公司股票支付账面价值五六倍的价格,在我看来,这样的估值太高了。我说:"谢谢你的建议,但它不适合我们。"他回复道:"求你了,安东尼,再考虑一下。"我重复道:"谢谢,但它真的不适合我们。"他说:"可是,安东尼,你们是拒绝这一计划的唯一机构。"我则回应道:"富达很乐意失去这次机会。"此时,离TMT泡沫达到顶峰只有几个星期的时间了,泡沫马上就要破裂了。我没有留意这家公司最后的结局,但我估计它不大可能幸免于难。那位财务联系人对公司的看法说明了泡沫期间发生的一切。

2001年9月11日当天,我和一位经营小型专业经纪公司的联系人共进午餐,他是一般保险(非寿险)领域的专家。就餐期间我们主要讨论了保险行业的投资建议,最后他说服了我或者说我们说服了彼此。我们认定，这个领域的投资前景看来相当不错。但具有讽刺意味的是，就在我们喝咖啡时，大洋彼岸发生了有史以来最糟糕的保险事件。我知道这听起来可能有些冷酷无情，但我的经验表明，在这次可怕的事件（我想不出更可怕的事件）发生后的几个月内，对受恐怖袭击影响最严重的公司来说，将会出现一次非常重要的买入机会。我后来大大增持了保险、酒店和旅游等相关行业的股票，股市复苏后获得了较高的收益。在投资业，有时你必须得顽强一点儿，这是逆向投资者应具备的素质。

■ 不断变化的投资环境

自成立伊始，富达在做出投资决策时就以自己内部的研究为基础。公司内部的分析师会与已投资的公司的管理人员定期进行会面，这是我认同的做法。我1971年入职凯塞·厄尔曼（Keyser Ullmann）的投资部门，获得了人生的第一份工作。凯塞·厄尔曼银行是一家主要管理投资信托基金的小型商业银行，其管理的基金中有一只名为史罗格莫顿信托基金（Throgmorton Trust）。该基金重点投资于规模较小的公司（自那以后，我一直偏好这类公司），并且独立开展研究（尽管这在当时意味着必须去已投资公司的办公地点，因为鲜有公司人员愿意来伦敦，而且即使他们来了也不愿意拜访投资者）。凯塞·厄尔曼银行的分析师团队包括一些基本面分析师和一位技术分析师。从那时起，我在做出投资决策前就会运用图表进行分析。我后来发现，富达也是这样做的。我的经历非常适合富达，比尔·伯恩斯可能也发现了这一点。

早期的投资部门规模非常小，直到20世纪80年代中期，我们才开始组建自己的内部分析师团队。当时我们与一些公司举行了一对一的会谈，但更多的是在经纪人办公室参加群体会议。在这里，几家机构同时会见一家公司的管理人员。我还记得早年间我和詹姆斯·韦林斯在皇后街办公室一起会见一家公司的管理人员的情形。我记不得这家公司的大名了，但我记得其首席执行官叫罗恩·沙克（Ron Shuck），后来他卷入了一宗重大的诈骗案。

从20世纪80年代中期开始，越来越多的会议是在我们的办公室里举行的，我们与公司管理层进行一对一的会谈。从20世纪80年代后期开始，我开始用硬皮笔记本记录会议纪要，现在这些记录还在我的办公室里保存着。每个欧洲国家都使用不同的笔记本。到现在，有关公司会议的笔记本已有48本了。当我与这些公司的人再次会面时，这些笔记能给我非常宝贵的参考。我在运营欧洲基金时，常常一天内要与三四家公司的管理者会谈。现在我平均每天只会见一两家公司的管理人员。我的最高纪录是一天参加6次公司会议，我不建议这么做，因为如此着急忙慌地赶着参加会议，一天下来会让人感到筋疲力尽，心情也非常沮丧。

我们的会见对象通常是首席执行官和（或）财务部门负责人。对于规模较大的公司，与我们会面的也许恰好是投资关系负责人。会面时间通常为1~1.5个小时，而且，对于持股量大的公司，我们希望至少每季度会面或联系一次。对于我们非常了解的公司，我们也召开电话会议。会议由合适的分析师而非基金经理主持。我们的分析师各自专注于不同的行业，在召开会议之前会制定议程和建立财务模型。基金经理也会不时提问。

我们举办会议的形式并未随时间的推移发生重大变化。然而，我必须注意的一点是，虽然我过去比大多数首席执行官年轻，但今天的情形刚好相反。公司会议结束之际，通常会有一个总结环节，此时投资经理会讨论关键的结论，并交叉检验财务分析师在模型中提出的假设。

```
George Wimpey.                               6/9/02

H1 relates alot to orders taken post 11/9.
Post Xmas pick up. Prices very strong Feb-April.
Av. selling 19%  1% was ft². 18% ½ mix, ½ inflation.

Av selling in orderbook Aug. £153/- vs £149/-
→ Ivyl. 9/10% → 15-17%. = SE. Single figs, E Aug Mid/N
                                              ~20%
Slowed sharply June but Jan-April, Sept-Nov key periods
Visitor traffic & reservation pick up Aug.
July, Aug. +30% on '01
but Not translated to prices yet. Think ivyl now <10%.
Have customers have no chain, moved into rental temporarily.
→ Cancellation rate low.
→ Broad stability future view.
Risks: higher suburbs in London areas ↑ alot (eg Sept/Oct?)

Strategy still balanced by region
Landbank. Had long north, shorter Mid & South want to even
                                                      out.
Key is to have good locations, want to be in
                                      best quality locations.
Av ft² +1%

Problem of Wimpey landbank was margin inland bank.
In 2000 with no ivyl. bought 8% margin land.

★ What margin with ivyl @ 3½% to make free cashflow
  ~15% (eg. Persimmon level). (#after alloc of central
  Achieved in last six months.            o'head)
  1700 more sites last 6 months net
  (Av plot 34/-, new plots 46/- cost.
  → Assume price ivyl. balances build cost ivyl.
```

波顿会对所有的公司会谈做笔记并存档。本页是从与住房建造商乔治建设（George Wimpey）会谈的两页笔记中摘录出来的。

我还记得20世纪90年代初去赴一位经纪人安排的晚宴时的情形。当时赴宴的还有几位公司和机构投资者的高级代表，我们讨论的一个主题是机构投资者想与所投资的公司建立什么样的联系。我解释了我们的方法后说，我认为该方法会成为许多大型投资机构的标准做法。我记得一位首席执行官对此提出了异议，他说："要是把大量时间花在股东和潜在股东身上的话,我怎么还会有时间运营我的公司呢?"我估计,今天大多数首席执行官都把大量时间用于投资者关系活动了。投入时间较少的公司(壳牌和M&S是我能想到的两个例子)恐怕现在都在反省了。

我相信富达的内部分析师和公司管理层举行一对一会谈的做法已被许多竞争对手效仿了。20世纪90年代初非同寻常的做法已经成了今天的标准做法。一直做领头羊是好事,但没有什么是永恒不变的。现在我常常思考的一个问题是,我们如何才能保持领先地位。如果我们做的与其他人一样,那么即使我们的规模更大,投入的资源更多,我们也很难比竞争对手更出色。我们认为,我们现在仍保持领先的一个领域是我们全球研究的质量和深度,我们运用从一个国家或地区收集到的信息来帮助对另一个国家和地区的投资。很少有机构拥有我们这样的全球性资源。

■ 股票经纪和研究

在我的职业生涯中,发生显著变化的另一个领域是股票经纪行业。除了参考最出色的内部研究之外,我一直支持适当参考最出色的外部研究。参考内部研究可知自己的结论与共识性观点是否不同,后者通常是不同经纪公司的重要分析师们给出的,他们往往都监测着特定的公司。由于"金融大爆炸"(Big Bang)[①]及1986年股市放松管制后出现的大量并购交易,大多数股票经纪机构在过去20年中已经几易其主了。

规模较大的经纪公司将自营交易与投资银行和研究相结合,这意味

[①] 1986年10月27日,撒切尔在英国发起了一场规模宏大的金融改革。这场改革不仅对英国传统金融制度产生了剧烈冲击,也深刻影响了世界金融业的发展,人们称之为"金融大爆炸"(Big Bang)。——译者注

着商业模式已完全改变了，已非我入行时的那种旧式伙伴关系结构了。是股票经纪公司的分析质量改变了，还是经纪机构的大多数分析没什么价值了？对此我不敢苟同。分析师们撰写的分析报告的性质确实发生了变化，许多情况下，股票经纪研究越来越多地为投资银行服务这是事实，但我相信，如果你知道如何运用研究报告、知道与哪些分析师进行沟通，那么它们仍然是非常有价值的。特别是，分析师们可能无法在报告中解释清楚细微的差别。

早年间我们比较倚重的股票经纪公司是罗威&彼得曼公司（Rowe & Pitman），该公司很久之前就被并入了现在的瑞银投资银行（UBS Investment Bank）。他们帮助富达发行了离岸基金，也向我提出了不少好建议。我还记得高盛的两位高管来访时的情形。他们当时没有真正地研究或涉足英国股票市场，但他们说，如果他们能在美国或其他市场上帮忙的话，他们会非常乐意效劳（在当时的美国市场上，富达是他们最大的客户之一）。没过多久，我确实发现了他们能帮得上忙的领域。

■ 选股的秘诀

总的来说，我的选股方法一直以广泛的调查为基础。我秉持的理念是，可参考的观点越多越好，也就是说，我需要一张大"网"。无论是来自富达内部，还是小型股票经纪公司、行业专家或大型投资银行，进入这张"网"的信息越多，我从中发现真知灼见的概率就越大。正如我的前同事彼得·林奇所说的："当你翻开10块石头时，你可能找到一个很吸引人的投资创意，但当你翻开100块石头时，你可能发现10个出色的投资创意。"管理大量的资金需要很多创意和想法，即使拥有一支庞大的内部团队，我们也不可能面面俱到，无所不通，无所不晓。

即使过了这么多年，解释我何以买入这只股票而非那只股票也是极为困难的。事实是，在买入一家公司的股票之前，我喜欢考虑众多因素。首先，我会尽可能地与管理层进行会谈。会谈有几大好处：有助于我了解公司人员和战略；有助于了解公司的业务质量和影响其财务业绩的主要变量（一些因素可能是管理层可控的，而另一些，如汇率的敏感程度，则不是）。我深信，企业的经营条件存在差异，在其他条件相同时，一些企业比其他企业拥有更好的特许经营权，我喜欢这样的企业。

我们还在会谈的基础上为公司建立财务模型，这些模型的精确性不亚于第三方建立的模型。我还会参考其他估值指标。我总是喜欢考虑一系列估值指标，而不是只关注一个指标。我观察的关键指标包括P/E（市盈率）比率、企业价值与总现金流的比率、自由现金流比率（我喜欢那些产生现金流的公司）和投入资本的现金流收益率。我还会根据一国、一个地区或全球范围内的同行业绩评价公司的表现。

然后，我会查看资产负债表中的一些比率以了解公司的财务状况。我多年来总结出来的一个教训是，出现问题时，资产负债表糟糕的公司让我亏损最多。我还查看股东名单并考虑股东是否会对股价产生影响。我也会从公司治理的视角考虑问题，确认股东是否存在买卖股票的行为以及技术分析师对股票的看法。我还考虑机构投资者持有的股票是过多还是不足，是否存在净买卖行为以及关键的股票分析师对股票的看法。

最后，我会考虑是否存在投资者今天未曾关注但未来会促使股票增值的因素。以上并没有囊括所有的考虑因素，我还会考虑其他影响因素。在我决定买入一家公司的股票之前，我不能低估各种因素的重要性。我发现，其他投资者经常想通过"便捷"之法进行投资，他们做出买卖决策时只参考一种信息。极端的例子是得到一点提示就买入股票或者只孤立地看股价走势图就决定买入股票。事实上，许多经验不足的投资者想要一种简单或者偷懒的（恕我直言）选股法。我认为，他们这样做是把机会拱手让给了我们这样的专业投资者，因为我们总是会更加深入地研究影响股票的各种因素。

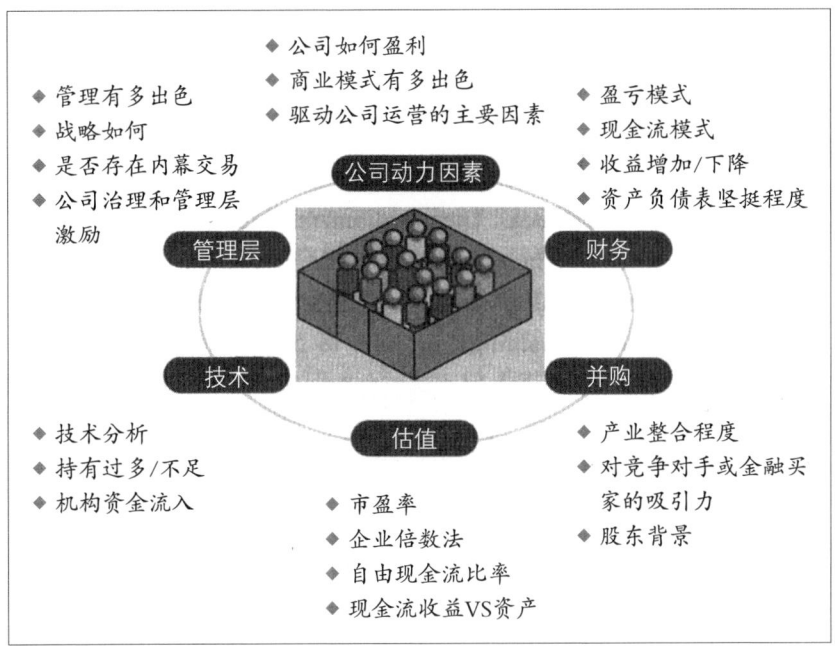

图1-2　我如何审视一家公司

■ **基金规模及业绩**

多年来，我不得不适应的一个重大变化是学会如何管理大额基金。特殊情况基金突破10亿英镑大关已有7年多的时间了，这使得它成了英国规模最大的基金之一。回顾早期对持有人的报告可知，这只基金最初的规模仅有几百万英镑。我在这些报告中指出:"投资经理们为了将投资集中于30~40股的组合,已经筛选了大量的想法。"多年来,为了应对大量资金流入基金,我不得不增加持股的数量,增持大公司的股票。如今我的基金最高持有200只股票,是早年间股票数量的5~6倍。

在具有管理大规模基金经验的组织工作对我来说大有助益。让彼得·林奇名声大噪并在其成功之后规模迅速扩大的富达麦哲伦基金(Fidelity Magellan),曾一度是美国规模最大的共同基金。20世纪80年代后期,我曾在波士顿与彼得和布鲁斯·约翰逊(Bruce Johnson)共进午餐,后者虽然不太知名,却是与彼得一样成功的富达基金经理,他管理着该公司规模最大的收入型基金。他们给我提了很多建议,有一点令我印象特别深刻。他们告诉我,无论基金的规模变得有多大,都要确保花足够的时间进行"主动型"投资。

他们的意思是,当你管理一只持有多只股票的大规模基金时,身为投资经理的你最终可能花费大部分时间来关注当前持有的股票("防御型"投资),而不是另寻新想法。他们建议,可利用内部分析师团队来处理防御型的基金投资工作,即监测现有持股的结果、公司公告和行业发展状况,这样基金经理可以腾出更多的时间获得新创意。自此以后,我一直坚持这样的投资方法。

我常常问自己,哪些是大规模基金能做到而小规模基金做不到的事情,我发现了重要的两点:一是根据持有的发行股的百分比,获得其在未来某个阶段可能具有的"企业"价值;二是积极参与当前经营不善但清楚如何进行改进的公司的管理。

我一直对具有"公司角度"(corporate angle)的股票感兴趣,它们是可能改变所有权或控制权的公司,是我买入股票的主要类型之一。一个好例子是富达对法国里昂信贷银行（French Bank Credit Lyonnais）的持股。当该银行被法国政府私有化时，为了防止其被恶意收购，政府制定了两阶段的保护计划。在前两年里，保护计划的执行非常严格，但在随后的两年里有所放松。在头两年里，我买入了数量可观的股票，富达也因此成为该银行最大的机构股东之一。

我认为，持股该银行是一项有意思的投资，但我也预测将来可能发生并购大战。事实果真如此，后来有两家银行竞购该银行，我们以高于市场的价格将里昂信贷银行的股票卖给了法国农业信贷银行（Credit Agricole）。这一事实证明了我的一个观点：某些情况下，大量持股可能会在收购中获得高于市场的价值。大股东也能在公司确定是否竞购方面发挥决定性的作用。

■ 公司治理前沿

在公司治理方面，帮助公司改变管理层有利有弊。2003年夏天，我干预了英国独立电视台（ITV）管理层的变更，这让我获得了媒体的关注，曝光度超出了我的预想。每当我们参与公司管理层或战略的变革时，我们的核心目标只有一个，那就是提高我们未来的投资价值。这涉及两种情况：一是提高欧洲企业的整体标准；二是出于特定原因对一家公司进行"干预"。

我们有关公司治理方面的大部分工作都是私下进行的，我们会直接与公司合作，不会大肆宣扬。独立电视台的案例非常罕见，由于信息泄露给了媒体（我得申明，责任不在我们），我们更换董事长的议程被公之于众了。我们的活动也很少是与富达的某个人物相联系的，就如同我在

● CHAPTER 1 / 第一章

公司治理:"在幕后悄悄开展行动是我们青睐的运作方式。"

ITV的经历一样:几乎在所有的情况下,我们都是与其他大型投资者联合施压的。一般而言,我们关注的是业绩不佳的公司,当这样的公司能在我们的影响下有所好转时,我们就能以更高的价格出售我们持有的公司股票了。但在基金规模庞大的情况下,这样的方法自然就难以奏效了。对于我们"干预"的公司而言,我管理的基金往往是对其持股规模最大的富达基金。富达在2005年对大约80家英国和欧洲的公司进行了"干预",但鲜有干预吸引了媒体和公众的注意力。我们喜欢在幕后悄悄开展行动。

随着基金规模的扩大,经理的灵活性和回旋余地大大减少。鉴于我持股的平均规模(现在最小规模的持股额通常是1 500万英镑),我现在很难在短时间内对投资进行大幅度的调整。无论何时,对投资组合进行大幅度的变更都不是我的风格,它也不适合大规模基金的管理。我首选渐进式的调整方法。随着时间的推移,我对个股的评价也会改变,因而会决定增加或减少个股的持有量,但我通常会对持有量进行微调,可能是在召开公司会议之后或在看到新闻、分析师建议或某些技术分析后做出微调决策。通常我对个股的初始持有量保持在25个基点(即基金资产的0.25%),我会根据自己的判断和股票的适销性增加持有量。

在其他时候,我会根据更广泛的投资因素调整投资组合,例如增加扩大投资性支出的公司的股票数量,而不是扩大消费性支出的公司的股票数量(我在2003年下半年就是这么做的),这种调整的幅度通常比较小。由于建仓或减少持股通常需要花费数天的时间,因此,除非市场上有大量的股票存在,否则现实会难以满足我的想法。我也知道,我无法将所有的想法都完美地付诸实施。有时候是没有股票可买,另一些时候是股价上涨太快,导致我无法以合理的价格买入。

■ 投资表现的好坏

作为一名基金经理,毫无疑问我要平衡潜在的回报和损失风险。经常有人问我:"你有业绩惨淡的历史吗?"在过去的26年里,我的业绩有7年的时间没有赶上富时综合指数(如图1-3所示)。

我业绩不佳的时期通常也是英国经济衰退(20世纪80年代初和90年代初)或"动量"市场时期(20世纪80年代中期和90年代后期)。中小企业在经济衰退时期经营非常困难,而在"动量"市场中,规模最大的公司(我一直不太擅长的领域)表现最出色。有人可能认为,20世纪90年代后期动量市场表现强劲的最后一年(即1999年),我的业绩会非常糟糕,但事实上,由于当年中小盘股的收购数量有所增加,我的业绩还算差强人意。

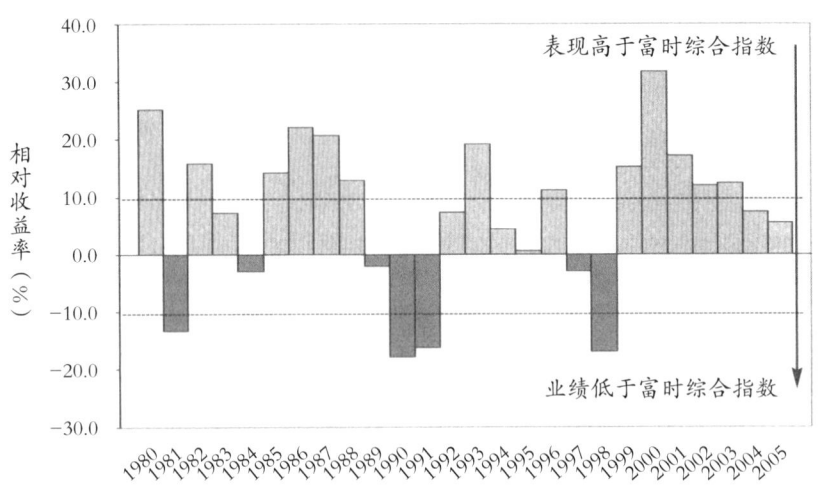

图1-3 富达特殊情况基金相对于富时综合指数的业绩

我也会审视季度业绩。在20世纪80年代末90年代初，我连续7个季度的业绩都很糟糕（有趣的是，这段时期结束之际，奈德·约翰逊专门找我谈了业绩问题，这是我26年职业生涯中唯一的一次！）。我经历过一次连续4个季度业绩较差、一次连续3个季度业绩较差和9次连续2个季度业绩较差的时期。除此之外，我业绩不佳的时间都没有超过一个季度。

最让人惊讶的是，基金的规模与其相对业绩之间几乎没有相关性。我稍后会详细阐述规模问题。自2000年电信、媒体和科技股泡沫破裂以来，该基金从"价值"股的强劲表现中受益良多。从那时起，这样的好运就一直伴随着我。展望未来，环境可能更加艰难，获得出色的业绩可能更难。然而，尽管特殊情况基金和欧洲基金的投放领域受专业限制，但在发行后的最初10年里，它们的业绩优于任何其他信托基金，这是最令我自豪的成就。而且自1979年特殊情况基金发行以来，其业绩就优于所有其他基金。

■ 最大持股

附录中列出了富达特殊情况基金历年（自1981年起）持有量最大的10只股票（见附录3）。我认为，基金管理行业的任何人看到这张表时都会有这样的看法：特殊情况基金绝非浪得虚名，而是实至名归的。表格中的许多公司都名不见经传，家喻户晓的名字很少出现。事实上，有一两家公司的名字我都记不得了，例如，维塔龙与德布伦投资公司是啥样的公司呢？我已经完全没有印象了。

第二个观察到的结果是，此表很真实，无任何掩盖、不实之处。我注意到列表中有后来消失的4家公司，它们是：波力·派克（Polly Peck，1987年、1988年和1989年存在）、帕克菲尔德（Parkfield，1990年存在）、托拉斯·霍斯腾齐（Torras Hostench，1988年存在，该公司是西班牙倒闭的最大企业之一，在其倒闭之前，我已经卖掉了其股票）、威克斯（Wickes，1993年、1994年、1995年和1996年存在）。可能还有一些我未发现的类似例子。我想说明的一点是，我的投资风格偶尔会让我买入一些未来倒闭的公司的股票，每一家公司都让我吸取了教训，促使我尽量不重犯错误。尽管如此，倘若组合内的赢家股足够多，基金也会运行良好。

另一个突出的特点是，一些股票消失一段时间后会再次出现。这样的例子包括FNFC公司（我在它最终被阿比国民银行收购之前的三个不同时段里持有其股票），几家电视台的股票（伦敦周末电视台、TV-am、泰晤士电视台、苏格兰电视台、中部电视台），几家博彩公司（帕雷苏拉玛公司、伦敦俱乐部、康乐福）和两家部分控股手机网络（Cellnet）的公司（怡和保安和安全服务）。手机网络公司是移动电话运营商，后被英国电信全部控股。我总是偏爱有特许经营权的公司，无论何时，只要它们

CHAPTER 1 / 第一章

的股价有吸引力或者股价出现复苏迹象，我就会再次买入。

■ 新的投资机遇：中国

2003年初我决定放手欧洲基金的管理工作，虽然此举的目的是减少工作负荷，但我也想搜寻新的机遇。当年秋天，我参加了高盛为高级专业投资人士组织的一次中国之旅。此次旅行的目的地包括北京和上海。这是我生平第一次到访中国。我们参观了许多当地的公司、美国和欧洲在中国的子公司，并拜会了众多高层人物，包括英国大使和北京、上海两市的市长。

紧接着，我们在香港召开了全球富达投资组合经理会议，讨论的主题是中国及其对世界其他地区的影响。我参加高盛之旅的原因之一是，我希望在香港会议召开之前能实地考察一下中国。为了对中国有更全面和深入的了解，我们邀请了来自中国内地和香港的公司、几家国际企业在中国子公司的人员来进行交流。

高盛之旅结束时，我确信中国就是我一直在寻找的新机遇之地。我的理由是，中国对全世界的众多企业，包括英国的企业，产生了越来越大的间接影响。如果我比一般的英国基金经理更了解这个国家，那么，这将成为我的一大竞争优势。没有什么能比把资金投入感兴趣的领域更使人集中精力了，因此我将3%的特殊情况基金投到了中国及其相关的领域。

其中包括许多中国内地的公司和几家香港公司，后者包括香港重要的粤语电视台——香港无线电视台（TVB）和香港证券交易所（Hong Kong Stock Exchange），这两家机构的收入都与中国内地的发展有关。除了了解中国对世界其他地区的影响外，我想我也可以在中国投资赚钱。我认为，未来进行的2008年北京奥运会对中国经济的发展大有助益，中国会越来越成为世界瞩目的焦点。

访问中国时，我度过了一段迷人的时光。总的来说，企业、管理人员以及他们解释业务和战略的方式都令我印象深刻，但有一个例外。我第二次访问中国最大的电子零售商时见到了之前见过的一位女经理，后来我才得知她是首席执行官的夫人（未冠以夫姓）！我认为公司之前就应把这一信息告知我们。为了降低个股选择失误的风险，我在中国的股票组合要比在英国或欧洲的更加多元化（撰写本书时我在中国的持股数目为17）。自首次访问以来，我已经往返中国5次了，几乎每年两次。我去中国内地时通常由香港的同事作陪，因为他们更熟悉中国内地公司的业务。在我持股的公司中，只有一家公司的管理层他们未见过，其他的都会见过多次。

我特别关注零售和媒体等领域，未来几年，随着中国消费支出的增长，这些领域将快速发展。在资源领域，我主要关注能源股。我密切关注中国企业的月度石油进口数据以及他们建立石油战略储备的愿望，这一直是我的英国和欧洲基金中高配石油和天然气公司的因素之一。在某些情况下，对中国公司的估值要高于我在发达国家市场可能接受的估值。然而，在我看来，相对于收益增长的前景而言，这样的高估值并非不合理。虽然与所有新兴市场一样，中国市场也存在风险，尤其是公司治理风险，但我认为10年内中国市场是绝佳的投资目的地。

经常有人问我，为什么我更青睐中国而不是印度。我要强调的是，这不是相对的判断，而纯粹是由于我个人只想关注一个新兴市场而非多个。我不否认印度有其自身的吸引力。我能做出的唯一相对判断是，我

● CHAPTER 1 / 第一章

喜欢中国更甚于俄罗斯。我个人认为，俄罗斯公司的风险要大于中国公司的，特别是在当前俄罗斯公司成为国际投资者新宠的情况下。

■ 拆分特殊情况基金

在过去的几年里，投资者一再向我提出这些问题：特殊情况基金是否因规模变得过大而无法进行有效的管理？如果其规模还不太大，那么什么样的规模可被称为过大？基金规模"过大"的标准很难确定，说实话，我真的不知道具体的数字是多少，也许以后会有人知道，但在具体的投资环境中可以管理多大规模的基金可能是另一个问题。到目前为止，我能确定的是，基金的规模对我而言不是什么大问题，但我强烈地感觉到，在基金规模成为问题之前，我们应该未雨绸缪。

我们结合具体的背景来考虑规模问题。2006年中期，富达特殊情况基金的规模已经超过了60亿英镑，比英国所有信托基金和开放式基金中排名第二的基金高出20亿英镑，是排名第二的专业基金M&G复苏基金的3.5倍，是以特殊情况命名的第二大基金阿耳特弥斯特殊情况基金（Artemis Special Situations Fund）规模的7倍。所有这些基金，与我的一样，都承诺将至少80%的资金投向英国股市。规模如此庞大却局限于一个市场，这是规模问题的核心。

自27年前富达特殊情况基金发行以来，投资环境已发生了巨大的变化。今天一切都变得更加全球化，企业更加国际化，信息可在瞬间实现全球流通。与此同时，英国公司与非英国公司之间的区别也变得越来越模糊。现在，越来越多来自世界各地的公司（包括很多风险极大的国家的公司）选择在伦敦上市。

事实上，我认为大多数投资者都没有意识到这一点：他们购买了富时综合指数中的普通英国公司股票时，他们的收入中仅有一小部分来自英国。许多公司的业务受到货币流动的不利影响，特别是当英镑兑其他货币的汇率升值时。由于英国和非英国企业之间的区别在减少，我认为，英国投资者通过在投资组合中保留英国股票来降低风险和规避汇率风险的想法已经过时了。事实上，我不止一次地公开表示，由于这些变化，如果特殊情况基金是今天发行的，我都不想将其主要投资对象设定为英国的上市公司。

我一度想把基金规模问题留给我的继任者去解决，但我越来越觉得，将基金就这么移交给继任经理人存在极大的隐患。我因此萌生了这一想法：将基金一分为二，把其中一半基金的投资授权范围扩大。另一种方法是扩大整个基金的投资授权范围。但最终我们放弃了这一方案，因为我们认为，有相当数量的投资者希望至少将部分资金投向英国本土。

我们于2005年秋宣布了拆分特殊情况基金的计划，而且，为了阻止资金流入该基金，我们提高了首次购买的手续费。在接下来的几个月里，我们在内部广泛地讨论了如何扩大另一半基金的授权范围。我们讨论过的一个方案是，将该基金60%的资金投向英国市场，40%投向海外市场。另一个方案是将基金投向整个欧洲，后者一度是我们青睐的选项。然而，讨论越深入，我们就越发现这一方案不合理，因为一旦我们决定扩大授权范围，我们就应当人为限定资金的投放区域，即使这意味着投资组合的变化会更少。这也正是我们最终选择推出全球特殊情况基金（Global Special Situation Fund）的原因。

我知道，将当前基金的一半转为全球基金会被视为相当激进的想法，但我并不为此感到惭愧。多年的经验告诉我，在投资领域，固守传统或预期并不一定是产生好结果的最佳方式,事实上可能正适得其反。对于富达而言,不拆分基金、继续保留它很容易做到,但总有一天,基金的业绩会下降,基金规模在长期内会不断缩减。我坚信,我提出的新方案最有可能在未来几年继续为投资者创造良好的业绩。

资金分流至全球特殊情况基金后,基金规模问题带来的压力大大减轻了,因为在全球范围内,基金规模显得不那么大了。至于英国基金,仍执行原规划,主要投资于中小型英国公司,但规模只有原来的一半了,管理起来容易多了。在富达,所有基金持有的单个公司的份额都是有限制的,人们可能不太了解这一点。这一最高限额通常是15%。这意味着,在拆分之前,某些我青睐的公司的股票份额占基金总额的比重较大,由于这一限额,我无法再增持了,拆分后,基金的规模变小了,但我的灵活性增大了,我可以增持我特别喜欢的一些中小型公司的股票了。

我起初认为我会在2006年底移交拆分后的两只基金的管理权,然而,富达国际的首席投资官西蒙·弗雷泽(Simon Fraser)极力挽留,劝我到2007年底再退休,以便移交更加顺利。我同意了。我们将在2007年夏天,即我最终离任前的约6个月,宣布基金新经理的名字。我的继任者会是谁呢?这可能是计划中唯一尚未解开的悬念。

乔玛·克霍恩亮相

我在20世纪90年代末执掌欧洲基金时,我记得有一位分析师从意大利机场给我打来了电话。他是刚从商业银行跳槽加入我们公司的芬兰人,负责公司与欧洲几家银行的业务,其中就包括意大利的银行。他正准备乘飞机返回英国,但由于对刚拜访过的银行的潜力感到非常兴奋,故而

全球特殊情况基金经理乔玛·克霍恩，他将接管一半的基金

迫不及待地想回到伦敦办公室说服基金经理购买该银行的股票。几周之前，他曾在我的办公室里播放了他早些时候与这家银行管理层会谈的录音，包括有关大幅提高该银行收益的讨论。接完这个电话后不久，我就购买了该银行的股票，在接下来的5年内，该股票的价值增加了6倍。我当时并不知道，有朝一日这位分析师会成为接管我部分基金的候选人。

在2007年6月份公布继任者名单之前，除富达之外外界对乔玛所知甚少。然而，有一段时期，他一直是少数几位潜在候选人之一，直到我们完成了新基金的发行说明。我认为，成功的特殊情况基金经理需要具备一些特质，其中有三点尤为重要。首先，要成为一名逆向投资者，并乐于逆潮流而动。其次，要乐于管理一个完全没有基准的投资组合，不需要因为某些股票（部门或国家的）是基准（或指数）的重要组成部分就持有它们。最后，正如我之前解释过的那样，我的投资理念的核心是，确

● CHAPTER 1 / 第一章

认未来可得到纠正的投资异象。被低估的股价得到纠正后,我便会物色新的机会了。我相信乔玛具备这三个特点。就第三个特点而言,虽然他不一定认为自己是传统的价值投资者,但他认为在全球范围内寻找价值异象是他投资方法的核心。

我和40岁的乔玛断断续续地共事了10年。起初他是一名分析师,负责向我提出投资建议并跟踪我持有的属于他监测板块的股票。后来他去波士顿办事处工作了3年,担任团队助理,负责面向美国投资者的国际基金。最近,他一直担任我们伦敦办事处的基金经理,最初的工作是管理几只欧洲国家基金,后来加入我们在伦敦的全球团队,为我们的几个远东客户管理全球投资组合。

我认为,富达的全球性资源是巨大的竞争优势。过去几年里,我们在伦敦组建了一个全球性的基金经理团队,其投资决策以来自世界各地的270位分析师提供的研究为基础。该团队包括6位全球产业投资经理,他们负责运营特定的全球产业基金。团队还包括3位跨行业的基金经理,乔玛就是其中之一。乔玛对运营新基金的前景兴奋不已。正如他所说的,运营全球特殊情况基金最理想的方法就是积极进取,在世界各地寻找最佳的特殊状况。我将在2006年的最后几个月里与他密切合作,顺利完成交接,监督过渡期间的运营,并在2007年继续进行监督。

这两只基金都拥有欧盟可转让证券集合投资计划III(UCITS III)赋予的新权力,根据这些权力,这两只基金可运用更广泛的衍生工具。虽然我不希望乔玛或者我本人在短期内以这些工具为主,但我认为它们能够提高基金的收益,并能使我们利用有关公司前景的负面看法。我们的研究已经强调了这类机会。现实情况是,与全球化一样,衍生品是新的投资世界的一部分。我相信,若竞争对手可以运用这些衍生品而我们却没有权力运用它们时，我们的两只基金会受损。

自去年宣布拆分基金到最终敲定细节，这9个月过得似乎很漫长。实际上，拆分基金（之前从未有过）的计划获得监管部门的批准和启动新基金都需要花时间，这还没有算上制定向投资者和顾问解释的计划的时间。这在业内和富达内部都引起了骚动，许多人都未能置身事外。在正式宣布之前的最后几周里，媒体上充斥着有关基金分拆后的资金去向和新任基金经理人名字的猜测。

在此期间，我们都非常担心信息会泄露，怕我们不得不在准备就绪之前就解释我们的计划。然而我们认为，我们的信息保密工作已经万无一失了。因此，当一位记者在正式的信息公布之前一两个星期向我们的新闻办公室打电话说，他在一个网站上发现富达已经注册了一只名为全球特殊情况基金的新基金（金融管理局出错了，将信息过早地挂在了网上）时，你能想象到我们当时有多震惊吗？真是智者千虑，必有一失啊！令我高兴的是，在参加特别会议的88 000名投资者中，有97%的投资者同意分拆基金，他们与我一样认为这是最佳的前进之法。虽然在投资业没有任何人敢确保计划一定会取得成功，但我认为乔玛定会不负众望，祝愿他一切顺利！

■ 未来的计划

移交程序已经就绪，我可以将基金交给我的继任者管理并卸任基金经理一职了，那么未来我会做些什么呢？首先要申明的是，尽管到2007年底时，我不再从事全职工作，但我不会离开富达。我非常希望富达年轻的基金经理和分析师们能从我的经历中受益，所以在我放手欧洲基金

● CHAPTER 1 / 第一章

的管理职责后，我将继续并可能加强对他们的指导。我还想投入部分时间进行营销和招聘。

富达几乎所有的基金经理都是从内部分析师中选拔出来的，这是我非常赞同的做法。当我们与分析师合作五六年并且他们至少精通了两个不同的行业时，我们对他们未来能否成为一名成功的投资组合经理就已经了然于胸了。我们"自下而上"的选股方法要求基金经理们具备分析师的技能。

证明自己具备分析师的能力是成为投资组合经理的必要先决条件。我们的大多数分析师都渴望成为基金经理，但只有最优秀的才能成功。因此，让最优秀的人才以分析师的身份加入我们的团队是人才选拔过程的关键部分，我认为我的公众形象对此有帮助。最后，我希望继续为富达贡献绵薄之力，使其领先于竞争对手。我坚信，除非不断地审视自己的竞争优势并寻找保持领先的新方法，否则就会落后。

虽然选股一直是我的工作，而且我可以肯定地说，没有什么谋生方式比选股更好、更有趣了，但我还有其他事情要做。多年来，我一直是英国富达基金会（由富达资助的慈善基金会）的受托人，随着年龄的增长，我对慈善事业的兴趣也与日俱增，我希望能在这一领域做出更大的贡献。我有一些想法，其中的一个是架起投资和慈善世界的桥梁，我希望在接下来的一两年内能将其落实。

另外，我最大的业余爱好是音乐欣赏和创作，我想在这方面多花些时间。2006年初，男生合唱团在圣保罗大教堂演唱了我创作的一组圣歌，其名为"胜利和荣誉的颂歌"（*A Garland of Carols*）。我利用一款名为Sibelius的音乐软件程序在电脑上创作出了这组颂歌。完成这组颂歌的7年之后，我终于看到了现场版的表演，这一刻我会终生铭记。乐趣使然，我在附录7中列出了我打算带至荒岛的8张光盘的名单，我希望读者能通过它们深入了解我喜欢的音乐。

最后，我很幸运能在西萨塞克斯郡拥有一座美丽而温馨的家园，我在安提瓜岛还有一所漂亮的房子，从中可以俯瞰加勒比海，我非常期待能与爱妻莎拉在这些地方共度更多美好的时光。若非她当年极力劝我给富达打电话，以后的一切可能都不会发生，你今天也不会读到我写的这些内容。我知道，幸福的家庭生活对各行各业的人都非常重要，但在生活如过山车一般的投资界，拥有幸福美满的家庭是一个巨大的优势，在这个方面，如其他许多方面一样，我得到了幸运女神的眷顾！

I
NVESTING WITH
ANTHONY BOLTON

第二章

投资"王中王":
安东尼·波顿
和他管理的基金

(乔纳森·戴维斯)

CHAPTER 2 / 投资"王中王":安东尼·波顿和他管理的基金

- **思维缜密**

安东尼·波顿的办公室位于市中心的一座大型现代化办公大楼内,从中可俯瞰圣保罗大教堂。这座大楼之前属一家美国大银行所有,该银行全球化的野心极大,奈何实力不济。这座大楼无疑是富达最宏伟的办公场所了,富丽堂皇的大理石大堂墙壁上张贴着大卫·霍克尼(David Hockney)的杰作,象征着公司进军欧洲的成功。波顿的办公室在二楼。他平时坐在一张标准的办公桌前办公,抬眼便可见克里斯托弗·雷恩爵士(Sir Christopher Wren)设计的圣保罗大教堂。办公桌后是一排书架,书架上按时间顺序摆放着一本本书,还有他多年来保存下来的会议记录和笔记(共有60多本,其中80%以上涉及与英国公司管理层的会谈内容)。角落的桌子上摆放着一台电脑。办公室的墙壁上张贴着他与家人的照片、漫画和多年来获得的行业奖状。从整体上看,这好似大学教授的办公室,整个空间井然有序,基本无多余的空闲之地。从中你几乎看不出这是英国有史以来最杰出的资金管理者的办公之所。

CHAPTER 2 / 第二章

波顿的外表并不显眼。他细高个，双目炯炯有神，头发微微卷曲、呈灰白色，说话时语调沉稳，吐字清晰，说出的大都是完整的句子，这反映出其思维的条理、缜密性，给人一种冷静、沉稳和高效的印象。他待人彬彬有礼，行事风格与学风严谨的大学教授无异。你可能认为，他在生活中也会保持一丝不苟的作风，但有意思的是，事实并非如此。刚从大学毕业，他就被父亲从被窝里揪出来去找工作。进入伦敦金融城工作并非他早年立下的志向，而是纯属偶然。虽然起步比较散漫，但这并没有妨碍他成为竞争激烈、报酬丰厚的行业内最受推崇的基金经理。在投资行业，最出色的基金经理一年能获得数百万英镑的收入。

波顿遇事冷静沉稳、考虑周到，堪称现代专业投资经理的典范。他独具慧眼、严守纪律、兢兢业业、尽职尽责，掌管的所有基金都保持了长期的优异业绩。尽管投资行业从来都不只是一门科学，但波顿的职业生涯已经证明了其高超的选股技艺，这一技艺是天赋、常识和勤奋共同造就的。他是一位逆向投资者，喜欢在股票市场的廉价区寻找那些伤了元气或者当前不受青睐但未来前景看好的股票。这种策略有其风险，即使多元化的基金也是如此，但就过去27年里其基金业绩来看，这种策略的效果完美得如同在梦中一般。对任何专业的基金经理而言，长期的出色业绩都是最重要的。

在职业生涯的大部分时间里，波顿的工作都是管理富达特殊情况基金和富达欧洲基金。在他的管理下，这两只基金的复合年收益率高达20%，远远高于市场和其他同类基金。这两只基金和它们的经理波顿赢得的行业奖项不计其数，而且获得了标准普尔、晨星和其他顶级的独立基金评级机构的最高评级。严谨的观察家称波顿可与彼得·林奇媲美，后者是爱尔兰裔美国籍的传奇选股大师，在美国富达执掌世界上规模最大的共同基金——麦哲伦基金（the Magellan Fund）已达13年之久。更重要的是，2003年《星期日商业报》（*Sunday Business*）针对顶尖的基金经理进行了一项调查，请他们列出自己最敬佩的竞争对手，10个人中至少有5人都提名了波顿。①

在波顿及其仰慕者看来，他作为投资者具备的一大优势是，情绪平稳、百折不挠。"你必须相当冷静，才能成为基金经理"，这是他自己的看法。波顿的前同事、后与他人共同创立了评级企业基金研究公司（Fund Research）的彼得·杰弗里斯（Peter Jeffreys）说："他（波顿）的一大特点是，做任何事都很干脆，从不拐弯抹角、拖泥带水。"当我请基金总监查尔斯·弗雷泽爵士讲点波顿的奇闻趣事时，他直截了当地回复我说："我讲不出来，他可不是一个有轶事的人。"波顿还有一个不太明显的特点，即对工作承诺和组织有强烈的责任感。与大多数成功的职业投资经理一样，波顿认为，专业的投资者必须全身心地投入市场："我认为你必须对市场痴迷，因为投资是持续的、无形的，它无始无终，总是会出现一些新情况需要你去钻研。我认为，你必须全身心地投入才能做好投资。我仰慕的投资经理中，没有一个是搞兼职投资的。"②

他承认，自己的投资风格与对冲基金投机者乔治·索罗斯（George Soros）的有所不同，后者专门针对宏观经济前景下赌注。这种风格下，只要有雄厚资金的支持，在一年当中做出两三个正确的决策就可以决定胜败。但对于专注选股的投资者而言，比如波顿，除了全身心地投入市场外别无他法。刚开始时，他只持有20~30只个股，但现在，由于基金规模自1987年以来扩大了200倍，他的各种投资组合中包含了近200只股票。

---

① 提名波顿的5人中，有3人称从未见过他本人，这证明了波顿谦逊低调的工作作风。
② 除非特别指明其他来源，本章所有的引言均源自作者对当事人的采访。

维持基金的良好运转不仅需要他努力工作,还需要大型分析师团队的支持,这样才能监测个股的变化。波顿可依靠的伦敦富达分析师总共有50多位,他也帮助许多分析师创立了具有富达风格的股票分析艺术。分析师们知道波顿想要什么,波顿也信任他们。波顿的正式头衔是富达投资部门的总监,但他的实际工作是建设和领导公司的基金管理工作。

■ 注重细节

波顿一周的工作时间很长。由于富达重视深入的研究,他每天必须阅读大量的纸质和电子材料。通常情况下,他早上6:30离开西萨塞克斯郡的家,乘火车赶往伦敦。他会在火车上读《金融时报》,并思考稍后将考察的一家或多家公司的状况。在往返车站的路上,他每天要听完约40个语音邮件,其中许多是同事汇报与潜在的或当前持股的公司管理层的会谈情况。与所有富达的基金经理一样,他每周要与众多公司的领导层会面。在同时接洽英国与欧洲大陆的公司期间,他一天要参加的公司会议多达五六个,而且还有许多同事会向他提供其他会谈的报告。平均来看,伦敦富达办事处一天要考察15~20家公司,有时甚至更多。会议有时在富达的办公室召开,有时是在公司,有时举行电话会议。波顿坚信,召开这种面对面的会议是富达的一大竞争优势。

富达的内部分析师会对每家公司进行细致的分析,汇总后的信息长达数页,涵盖关键的财务数据、股票经纪人的观点和其他相关资料,比如新闻剪辑等。[①]对波顿及其同事们来说,会议是向管理层提问、及时了

---

① 分析师对投资公司的完整分析范例见附录5。

CHAPTER 2 / 投资"王中王":安东尼·波顿和他管理的基金

安东尼·波顿在工作,2004年9月

解业务进展情况的机会。会议结束后要写总结,但不必过于详尽。波顿自己记会议笔记,通常有两三页之多。然后他会把这些笔记整齐地摆放在办公桌后面的书架上,待到日后确认公司是否按上次会谈的要求进行了改革时,他就将这些笔记拿出来核验。浏览这些笔记,你能深切地感受到波顿投资态度的严谨。有一天我浏览了他的十几份笔记,没在其中看到一则轶事,没有任何八卦或个人评论(甚至没有一处乱写乱画的内容)。狄更斯笔下的格拉德格林先生(痴迷于事实)可能会比较认可和赞赏波顿的做法——集中精力完成手头的任务。

不同寻常的是,在考察公司之前,波顿除了参考富达自己的分析和从经纪人或其他方买来的分析和研究之外,还喜欢查看股价走势图以了解公司股票近期的价格走势。这需要查阅大量的文献资料,其工作负荷堪比电视剧《是,大臣》(*Yes Minister*)中的官员汉弗莱·阿普尔比爵士。这也是他经常在晚上8点才能归家的原因。他害怕假期结束,因为他知道有一堆文件正等着他呢。他摆脱工作压力的一种方式是创作古典音乐,

CHAPTER 2 / 第二章

这是他幼时就喜爱但最近才重拾的爱好。他没有时间与同行甚至是富达的同事一起参加社交活动。他自诩不是喜欢"出去喝一杯的人。我过的是两点一线的生活。我没什么夜生活，下了班就想回家"。①

他说："我有很多材料要看。我之所以乘火车上下班就是因为我能在途中看完一部分。你必须清楚你想要什么，否则你会在一大堆材料前手足无措，到最后陷入无所适从的境地。我喜欢筛选掉很多材料，而且至少就我的目的来看，大多数股票经纪人的材料是不必要的。我比较重视一些分析师，我会留意他们给出的资料。如果材料与我持股的公司无关，我甚至不会看它。如果材料显示售出我持有的股票是合理的，我会马上浏览它。但你必须剔除其中的糟粕。"这需要严守纪律和勤奋工作，这是波顿具备的两大特质，即使在他的同事当中，他在这两方面也是有口皆碑的。②

富达分析师们为每家公司准备的背景资料都是标准化的。即便如此，波顿说："面对如此繁多的资料时，你必须遵循一套体系，否则你会被淹没其中。"波顿的一些基金经理同事不参考经纪人的研究结果，只靠富达内部的资料也坚持了下来。但波顿不是这样的工作风格。"我不会采用那样的方法。你永远都不知道下一个真知灼见从何而来。"他坚持认为，要使自己的投资风格发挥作用，就需要运用综合思维。

随着越来越多的公司到访，波顿说他主要寻找的是能表明管理层了解公司业务的证据，但就管理层对公司成功的影响，波顿的看法是很理智的。"尽管一些投资者非常重视管理质量，但我更赞同沃伦·巴菲特

---

① 《每日电讯报》（*Daily Telegraph*），2004年1月10日。
② 与波顿共事了20多年的莎莉·沃尔登说，波顿是她见过的效率最高的经理人，在工作中几乎不会浪费任何时间。

的看法,我宁愿选择一家运营良好但管理一般的企业而不是相反。我发现,在会议上给你留下深刻印象的人并不一定是最出色的管理者。"他提到了约翰·冈恩(John Gunn)的例子。20世纪80年代,此人一度被誉为伦敦金融城里最优秀的经理人,但几年后,他的公司英联邦(British & Commonwealth)倒闭了。

"我喜欢言行一致的管理者。我不喜欢夸夸其谈、言过其实之人。"他更重视公司对其产品的评价。"如果他们第一次来访时特别强调一种产品,但第二次来时不提这种产品了,那么我们就得担心了,这肯定是出现了什么问题。"如果竞争对手对公司的产品范围给予了积极的评价,那么这些评价要比公司的自评分量重得多(公司采取哪些措施能满足投资者的需要?波顿对此的看法详见本书附录4)。

■ 机遇来临

他的工作方法高度正式化,但他进入投资行业却纯属偶然,这一点确实令人惊讶!他在凯塞·厄尔曼这家小型商业银行获得了早期的职业经验。20世纪70年代达到鼎盛时,该银行以敢于冒险而享誉业界,后来因一些不成功和有争议的交易而衰落,最终关门大吉。波顿在剑桥大学主修工程学,但经过两年的学习后,他表示:"我非常肯定我不想成为一名工程师。"因此,1971年大学毕业时,他并没有找工程师的工作。

波顿的父亲是一名大律师,他让波顿想清楚自己想做什么。在波顿大学生涯最后一个暑假结束后的大约3周,其父突然开始向他施压,要他抓紧时间找工作。他们家的一位商人朋友建议波顿考虑考虑伦敦金融城的工作,而另一位股票经纪人朋友则给了波顿一份凯塞·厄尔曼银行的

● CHAPTER 2 / 第二章

　　介绍，当时该银行仍在快速扩张，而且认为（根据波顿的说法）"培训实习生听起来是个好主意"。成功的职业生涯往往就起步于如此奇特的机遇！

　　与许多成功的投资者不同，波顿并不打算找一份投资经理的工作，他进入这家银行时也没有从股市上赚大钱的雄心壮志。正如他后来指出的，在剑桥大学校友们的眼里，金融城的工作中，最"时髦"的是公司金融，投资管理是次等工作。他回忆说："公司金融很有吸引力，而投资管理几乎不为人所知。"他本人对股市没有任何兴趣，也对其一无所知。在孩提时代，他就没有集过邮，也没有其他赚钱计划。许多伟大的投资者追求成功的动机往往源于家境不佳，但波顿不同，他出生于一个传统而舒适的中产阶级家庭。

　　波顿在凯塞·厄尔曼银行工作了5年，尽管这家银行之后出现了问题，但波顿在那里接受了良好的训练。他最初只是一名普通的实习生，"站在收银台后面，拿出钱，然后去货币市场，当时那里的人都戴着高帽子走来走去"。在一次行政人员精简后，他去投资部门工作了一段时间，正是在那里，他"发现了股票的问题"。随后他成了该银行投资部门的研究助理，此刻，他作为投资经理的职业生涯开启了。投资部与银行的其他部门是分开的，其管理的大部分资金都是信托投资。波顿说，这意味着当银行陷入困境，存款人开始提现时，他的业务基本上不会受影响。

■ **确立投资风格**

　　凯塞·厄尔曼银行管理资金的三个特点影响了波顿的投资风格。一是该银行专注于小公司，直到今天这仍是波顿的金字招牌。二是银行人员出去拜访投资的公司。这在当时是相当新颖的做法，因为大多数投资经理仍然严重依赖股票经纪人为他们提供信息和意见。三是该银行的一位董事对技术分析颇感兴趣，他会利用股价图表补充传统的股票基本面分析。波顿也是如此。

在为一位基金经理做助手时，他的工作就包括搜集整理每家公司的半年和年度业绩数据，确认对这些公司的投资是否合理。他至今仍记得发现数据流（Datastream）机器时自己对其是何等痴迷！这种机器在当时的伦敦可是稀罕之物，波顿可利用它搜索（"筛选"）大量的股票，从中找出符合特定条件的。[1]然而，他说他花了很长时间才弄明白这些机器是如何运作的。

波顿于1973~1975年的经济危机期间初露锋芒，获得了投资初体验。当时次级银行业危机达到了顶峰，股市经历了人们记忆中最严重的下跌。他记得午餐期间，其他基金经理都吹嘘他们实际投入的资金有多么少。似乎他们在相互竞争，看谁持有的现金多。"给人这样一种感觉：我这是怎么了？整个世界要终结了吗？股市会不会止跌？"股市确实止跌了，但在此不久前，波顿已决定跳槽了，因为凯塞·厄尔曼银行已经积重难返了。在几次面试之后，他得到了施莱辛格集团给予的基金经理的工作。该集团的东家是南非一个富有的家族，在伦敦经营房地产和投资业务，其麾下的一家信托公司由理查德·廷伯莱克和彼得·贝克尔（Peter Baker）管理。

这两个人对波顿的投资职业生涯产生了重要的影响。贝克尔的投资

---

[1] 数据流是一种信息服务系统，其庞大的数据库可以使用户浏览大量的历史信息，包括股价、债券价格、宏观经济数据和公司业绩数据。得益于互联网和电信技术的发展，数据的传输更快捷，现在，伦敦金融城或西区（the West End）工作的任何专业人士都会运用这些信息。

理念最多，而廷伯莱克堪称现代基金管理业的先驱，他专注于营销工作。波顿说，贝克尔对投资的看法非常客观，总是愿意实事求是地判断一种想法。"如果你能给出做某事的正当理由，他就会考虑做这件事。我一直觉得，若一位端茶小姐走过来对他说，他应当买入ICI的股票，并给出理由的话，他会乐意倾听的。"

贝克尔也具有数理头脑，他对运用数学模型为期权定价很感兴趣。他是英国首批对将现代投资组合理论和量化技术相结合感兴趣的人之一。注意到靠专业的研究击败市场平均水平的困难，之后，他推出了一只指数基金，这一概念在当时远远领先于其时代。在施莱辛格工作期间，波顿参与管理了七八只不同的基金，参与面虽广，却不太深入。其中的一只基金是"特殊情况"基金，自此以后，波顿就与这类基金结下了不解之缘。

然而，施莱辛格的工作环境并不稳定，不时有传闻称它会被卖掉。波顿说："南非人都是生意人，喜欢买入后卖出，而不是长期持有。"因此，当他的第二位老板理查德·廷伯莱克于1979年跳槽到富达、创立其在英国的第一家公司时，波顿表达了希望能追随的心意。波顿说，他当时对富达一无所知。后来得知自己加入的是美国最大的独立投资管理公司，且该公司擅长深入的基本面、业绩一直优异、信誉良好时，他庆幸不已。就这样，他成了富达国际最初聘任的两位投资经理之一。他时年29岁，虽经验有限，却具备巨大的优势，富达国际的总经理对此心知肚明。

■ 在富达起步

虽然从今天来看，波顿加入富达似乎是其职业生涯中的一大进步，但当时的许多人并不这么看。廷伯莱克说，英国贸易部之前从未授权过

将安东尼·波顿引进富达的比尔·伯恩斯（左）和理查德·廷伯莱克（右）

外国集团管理在英国的零售基金，而且对富达设立办事处限定了一些条件。7年之后，英国才出现了政策上的"大爆炸"，即放松管制，目的是清除许多封闭式投资机构和长期以来盛行于伦敦金融业的限制性做法。几个月前，外汇管制才被取消，商业信心仍比较脆弱。通胀率达到了两位数，似乎有失控之势。在保守党当年早些时候胜选之后，玛格丽特·撒切尔领导的支持资本主义的政府仍在摸着石头过河。

在伦敦金融城内，知道富达的人寥寥无几，而听说过富达的人又通常对美国业界流行的工作方式不感兴趣。廷伯莱克回忆说："我的兄弟在富达从事审计工作，他对我说过各种雇用和解雇美国员工的恐怖事件。"负责监督英国业务启动的富达资深人士比尔·伯恩斯说："我们是一家初出茅庐的投资管理公司，在英国创业时，正值通胀率飙升、利率高企和股市摇摆不定之际。最糟糕的是，富达国际与一家美国公司有联系，在当时，美国入侵者（此评判并非完全有失公允）被视为短期机会主义者，人们认为他们一旦发现不利的苗头，就会逃之夭夭。"因此，踏上这艘不知名的"航船"需要勇气。事实上，波顿回忆说，他是在受到妻子的一

● CHAPTER 2 / 第二章

再敦促后才拨通了廷伯莱克的电话，表达自己愿意追随的心愿的。

富达早年间并没有优先考虑推出特殊情况基金，但由于这类基金是波顿在施莱辛格最喜欢的类型，廷伯莱克就让波顿管理这样一只基金。（事实上，伯恩斯和廷伯莱克曾试图劝服波顿管理一只日本基金，但被其婉言谢绝了）具有讽刺意味的是，从后来发生的事实来看，特殊情况基金是富达最难销售的原始基金。巴里·贝特曼（Barry Bateman）于1981年加入富达，负责该公司的营销工作，现担任富达国际的副总裁，负责富达所有的非美国业务。据他回忆，在很长一段时间内，富达特殊情况基金的销售额为200万~300万英镑。贝特曼说："我认为一个原因是，人们以为我们是一家国际基金管理公司，所以他们最初自然会以为我们是面向国际市场而非英国的。基金发行很久之后我们才建立了跟踪记录，人们才开始对特殊情况基金产生了信心。"有一个阶段，公司为了增加销量，甚至给销售团队提供双倍佣金。直到20世纪80年代后期，该基金首次出现在5年业绩榜的首位时，投资者才开始大量购买它。

那么，特殊情况基金究竟是一只什么样的基金呢？从某种意义上说，答案是显而易见的。它是这样的一只基金：希望投资于面临异常和特殊情况的公司，而且这些公司任何财富的转变都可能在短期内产生利润。波顿在该基金的首份经理人报告中写道："在特殊的时间，几乎任何股票都可被视为处于特殊状况。一般而言指的是相对于净资产、股息收益率或者每股的未来收益，其价值具有吸引力同时还具备其他可能对股价产生积极短期影响的因素的公司。"这些因素可能是收购、新问题的出现、管理层的变动、资本重组或者其他触发事件。正如我们将要看到的，多年来，波顿已经凝练并详细分析了他对特殊情况的界定。

但他现在坦承，富达基金创立时，其最大的优势就是几乎没有人能真正地界定"特殊情况"的含义。他回忆说,人们普遍认为这是一只"主动型"(即追求风险型)基金,寻求蓝筹股之外的资本成长机会。投资者们发现,找到潜在的被收购对象是相对容易掌握的方法。最初的报告指出,波顿希望快速获利,愿意承受高于平均水平的波动性。除此之外,还有许多可探索的空间。"特殊情况"概念的灵活性给了波顿多年来发展自己独特投资风格的余地。无论学界如何宣扬找到一位能在长期跑赢市场的经理有多难,这样的基金也会受到一些人的青睐,他们相信,极具才华的基金经理能够产生出色的业绩。

与富达的联系显然对双方都有好处。不熟悉美国投资界的人很难想象富达在美国具有的影响力。它不但是世界上规模最大的独立投资管理公司,而且长期以来一直塑造着投资业的营销模式和自第二次世界大战以来建立的投资管理专业标准。富达是首批在基础研究方面投入巨资的公司之一,是最早认识到在之前被视为"死水"的金融行业需要招募和培训最佳人才的公司之一,也是向普通投资者直接推销组合投资工具的先驱之一。

20世纪80年代和90年代的大牛市期间,股市已吸纳了大量的资金,其快速增长产生了周期性的调整问题,但富达在2000~2003年的熊市期间仍保持了较高的增速。2004年,位于波士顿的富达管理和研究公司管理着180只各类基金,资金管理规模超过了1万亿美元。这要比英国排名前5的养老基金管理公司管理的养老基金的总额还要多,相当于伦敦整个股市资产总值的40%。由于该公司管理的资金规模和影响力非常大,美国的一些新闻机构除了盯着富达的资金运作,什么都不干了。其在英国设立的子公司富达国际也实现了稳步的增长,管理的资金规模超过了1 800亿美元,其运营的基金包括30多只英国零售基金和250多只离岸基金。

尽管历经了多年的发展,但于1946年在波士顿成立的富达仍然是由

CHAPTER 2 / 第二章

约翰逊家族和其他高级管理人员控制的私人公司。虽然股东之间存在重叠，但富达国际自成立伊始就是独立运营的企业。奈德·约翰逊是家族的第二代管理者，不同寻常的是，他任期内取得的成就不亚于其父。其父名扬业内外，被人尊称为"约翰逊先生"。[①] 同样非比寻常的是，在执掌家族企业时，这对父子所青睐的投资方式完全不同。约翰逊先生喜欢让各个基金经理按适合他们的风格进行投资，无论风格有多特殊，但其子却坚信研究的重要性，不论是基本面研究还是技术性研究。他还对员工持无情的功利主义态度。虽然富达的基金经理薪酬丰厚，并享有高质量的技术支持，但不能持续提供出色业绩的人最终会被扫地出门。

激烈竞争的环境和富有凝聚力的企业文化并不适合所有类型的基金经理，但有人喜欢这样的氛围并能在其中如鱼得水，波顿就是其中之一。富达投资方法的一个关键特征是，基金经理可以较自由地运营他们的基

富达最著名的美国基金经理彼得·林奇

---

① 奈德·约翰逊的女儿阿比盖尔现任富达管理和研究公司的总裁。

金，基本上不受其他责任的干扰。首席投资官管理基金团队和投资流程，最近由于公司治理日显重要，富达指定另一位总监负责处理与投资对象企业的日常关系业务（虽然有时工作比较琐碎）。营销和行政管理事宜由设在伦敦之外的独立办事处完成。在许多投资银行，员工们把在投资管理部门任职当作升迁的垫脚石，但在富达，基金管理就是最终目标。

波顿说："彼得·林奇在富达塑造的模式是，投资人花费所有的时间管理投资。若掺杂了别的事情，投资很可能会受到影响。"基金经理每天都与公司管理层会面，几乎没有时间做其他事情了。一篇文章评论说富达的方法是最出色的，遭到了许多外部人士的指责，他们认为这样的评论过于偏袒富达。富达几乎所有的投资组合经理和一定数量的分析师都是从内部培训和选拔出来的，这样做的目的是确保公司投资方法的一致性。萝卜青菜，各有所爱，对于喜欢纪律严明、管理严格的人而言，这样的方法很奏效。富达的名头对其人才招聘无疑大有裨益。2003年，英国《金融时报》曾对500名投资专业人士进行过一次调查，富达基金经理连续4年荣登"最受尊敬的基金经理"榜首。

■ 一个简单的见解

波顿于1979年开始管理富达特殊情况基金。1985年，他接管了富达的第一只欧洲基金，直到2001年他才将这只基金与其姐妹投资基金的管理职责一起移交给了同事蒂姆·麦卡伦（Tim McCarron）。[①] 他还在多年

[①] 麦卡伦先接管了投资信托基金，待到运行顺利后又接管了单位信托基金，于2003年完成了整个交接过程。另一位富达基金经理格雷厄姆·克拉普（Graham Clapp）则接管了离岸欧洲基金。

● CHAPTER 2 / 第二章

的时间里管理着一只在卢森堡发行的离岸基金。1994年，他增加了管理英国投资信托基金——富达特殊价值基金的职责，这只基金与特殊情况基金的投资方法是一样的。波顿全面管理的基金的规模曾一度高达100亿英镑，对于一名基金管理者而言，这一数字是极为惊人的。对他的两大资金池——欧洲和英国特殊情况基金——的评估是独立进行的，但他在管理所有资金时会遵循一些共同的基本原则，其中的大多数原则可追溯至波顿早年在凯塞·厄尔曼银行和施莱辛格工作时的经历。

我们很容易从波顿的职业经历中总结出一条重要的见解：要取得优于他人的结果，必须另辟蹊径。用他的话说就是："如果你想要超越其他人，那么你就必须拥有别人没有的东西。如果你想超越市场，正如每个人希望你做的那样，你就一定不能拘泥于市场。你不应在市场中随波逐流，也不能频繁地进行交易，因为交易成本很高。你必须做到与众不同。"就波顿而言，这样的信念促使他把目光转向了小公司而非上市大公司，转向了因各种原因不受欢迎和不受追捧、但可能在一段时间后出现好转的公司。

波顿对其投资方法的总结是："我管理基金时所冒的风险要高于平均水平，我采用的是逆向选股法。""我理想的目标是一家情况不太好但看起来正发生好转的公司。我寻找的是不受追捧、股价低廉但不久后能够重新吸引投资者目光的公司。"关注不受欢迎的股票并不是什么新创意，在英国，单位信托行业的先驱M&G推出其首个复苏基金已有70年的历史了。设立该基金的基本思想是：一些公司正从经济衰退或其他挫折（无论是外部的还是内部的）中复苏，买入这些公司的股票能获益。这种传统的复苏型股票一直是波顿的特殊情况资产组合的重要组成部分，并且在过去几年中所占的比例尤其突出。

但这并非波顿寻找的唯一特殊情况，他还寻找那些没有得到充分研

在欧洲的继任者：蒂姆·麦卡伦（左）现任富达欧洲基金经理；格雷厄姆·克拉普（右）接管了波顿管理的离岸欧洲基金

究从而其股价未得到正确估值的公司和无人意识到其增长潜能的公司。事实上，波顿的主要成就是，敢于坚持与众不同的投资理念，并比M&G或者其他主流的基金管理公司进一步应用这一理念。但这样做是有风险和代价的。尽管他一直坚持多元化的投资，这意味着他得大量持有大多数人心存疑虑的股票，因此，当时许多只关注基金统计数据的顾问并不看好他的股票。这些顾问最感兴趣的一个指标是，基金的持股对整个市场的偏离程度有多大（即所谓的"跟踪误差"）。波顿的基金是英国所有股票型基金中跟踪误差值最高的基金之一。①

波顿采用的这种逆向选股方法是否存在异常风险尚无定论，我们将在本书后面另行讨论，但毫无疑问的一点是，采用这种方法的基金经理需要格外小心谨慎，遭遇小意外和偶尔的灾难是不可避免的。波顿就曾

---

① 将与一个指数的偏离程度称为"跟踪误差"证明了在现代投资管理业内，指数的概念是多么地深入人心。对于一只设立时旨在跟踪指数业绩的基金而言，这样的偏离确实应受谴责。但特殊情况这样的主动管理基金则刚好相反。

遭遇过相当多的灾难，包括买入波力·派克、蒙立（Mountleigh）和帕克菲尔德集团的股票，这些公司不是破产，就是在等待救济。近来铁路网运营商铁路运输公司（Railtrack）遭到国有化威胁时，波顿也差点遭受损失，幸好富达和其他主要的股东联合起来对政府采取法律行动才躲过了一劫。如果这只基金没有多元化的实力，如果没有富达这一市场巨头作为坚强后盾，这样的威胁恐怕会压垮一位名不见经传的基金经理，但波顿已经足够成熟，能从容应对偶尔遭遇的挫折了。他就像在玩一场数字游戏，而且他相信游戏场中的宝石要多于废物。波顿的同事们说，他能在避免灾难的同时挑选出众多赢家股，这是他作为投资者的最大优势。[①]

■ 波顿喜欢什么样的股票

由于波顿的投资决策以全面的分析为基础，而且经常要向潜在的投资者证明自己方法的合理性，波顿将特殊情况划分为不同的类型，但它们有一个共同点，即都是"不受追捧或者价值被低估"的股票。尽管波顿所秉持的基本理念一直未变，但具体做法还是出现了一些微妙的调整。波顿在早期向投资者提交的报告中列出了特殊情况的8大类别，它们是：小规模的成长股、复苏股、资产股、新发行股、即将被收购的公司股、能源和资源股、重组或改变业务的公司股和新技术公司股。现在他将上述类别简化为6类，分别是：复苏股、未被意识到的成长股、价值异常股、企业潜力股（主要是未来可能被收购的公司股）、资产股和行业套利股。波顿本人已在前一章详细阐述了这种分类的理念基础。

[①] 参见本书第三章亚历克斯·哈蒙德-钱伯斯和李·古德哈斯对波顿的评价。

在波顿早期的成功案例中，最令他感到自豪的是对默西海港公司（Mersey Docks and Harbour Board）的成功投资。这是一个按传统观念被视为灾难但最终被证明是彼得·林奇所说的"上涨10倍"（tenbagger）（能让投资者赚10倍的股票）的经典投资范例。多年来，由于要执行工党政府推行的码头劳工计划，该公司一直不堪重负。根据该计划，无论需求状况如何，公司都要保证该地区所有的码头工人就业。撒切尔夫人的政府终止了码头劳工计划，但要求大多数码头经营公司承担裁员的费用。

波顿此时看到了许多人没有看到的商机，他认为该公司很有可能被列入极具价值的投资组合。当保守党政府将另一家码头公司英国联合港口（Associated British Ports）私有化时，为了确保计划的成功实施，政府将该公司遣散冗员的大部分责任都取消了。波顿认为，默西海港公司也会出现类似的情形。事后证明，他的判断是正确的。事实上，政府取消了该公司全部的冗员遣散费债务，使得这家资产充裕的公司多年来第一次能靠自己的经营活动盈利了。短短几年内，该公司的股价就上涨了10倍。

"企业潜力股"也是值得关注的类型。有人认为，这一类别纯粹是对具有"被收购前景"的公司股的委婉说法，这种认识并不完全正确，但波顿从未掩饰他对可能经历管理层或控制权变动的公司的兴趣。他认为，在一名专业的基金经理眼里，这是非常合理的举动，但被许多同行不明智地忽略了。20世纪90年代，他买入了6家独立电视公司的股票，均大获成功。其中的5家后来被收购了，这反映了行业内一个广泛的共识：政府最初设立的小型区域垄断企业无法在卫星和数字技术时代生存下来。2003年，最后幸存的两家独立电视公司卡尔顿（Carlton）和格拉纳达（Granada）合并，波顿出人意料地参与其中，发挥了关键性的作用。他还发现，私有化的电力公司可能是未来出现行业并购浪潮的另一个领域。

波顿的投资方法中可供投资者学习的一点是,只要做好充分的准备,就能找到处次内佳的股票。并非所有业绩差的公司都不可救药。逆向投资者的诀窍是,自己多琢磨琢磨,看看哪里存在变化的可能性,而且要在整个市场意识到之前抓住机会利用这些变化。波顿说:"我的经验是,大多数投资者往往避开近来业绩不佳的公司,他们的这种反应给我创造了买入机会。"近来,波顿所辖基金的规模和影响力大增,这意味着他成为某家公司的股东可以促进或阻止该公司所有权的变更。对于他持有大量股份的业绩不佳的公司而言,他已经成了变革的代理人,而不只是一个被动的投资者了。

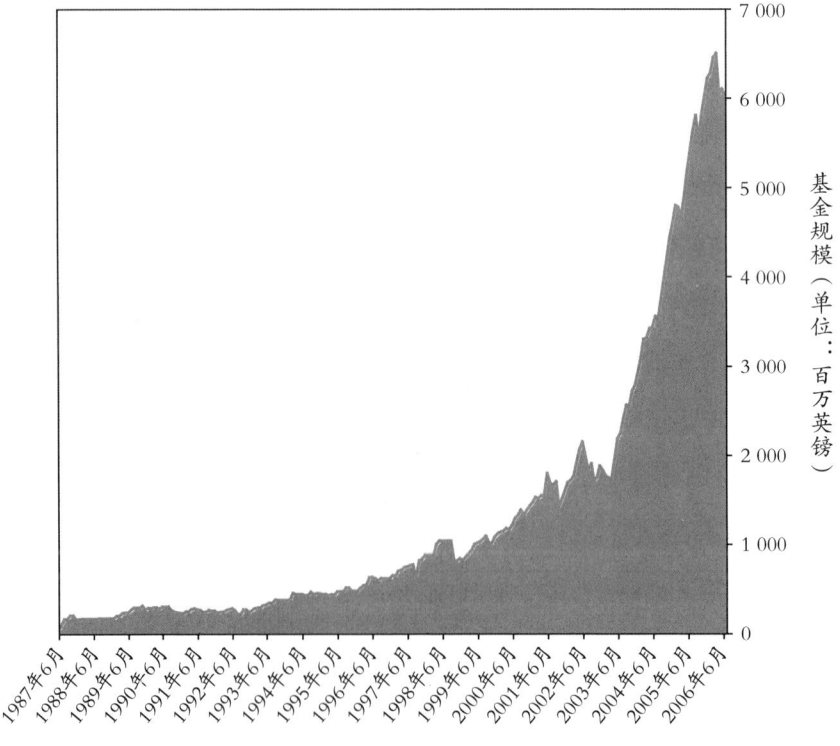

图2-1　富达特殊情况基金总资产净额的增长(1987~2006年)

广撒网

在管理特殊情况基金的早期,波顿几乎没什么内部研究可参考。从他早期的笔记可知,他的大多数投资想法都来自股票经纪人。早期对基金持有人的报告显示,富达与50多位伦敦和区域性股票经纪人建立了联系,后者特别善于分析本地的小型公司。[①]然而,即便如此,波顿还是喜欢广撒网。"我的基本工作方法一直是,从多种资源获得大量想法,然后精选出一些。就像进行大筛选,得到所有的想法,再从中选出少数。"尽管富达的内部研究资料很丰富,但他仍然参考经纪人提供的大量资料。这部分是因为,富达的研究不可能涵盖广阔世界中的每一只股票;另外,他本能地坚信,投资者应接触尽可能多的新想法。

波顿说,依赖股票经纪人的麻烦是,"他们往往擅长让你购买某只股票,却不擅长让你抛弃某只股票。如果你在他们的劝说下购买了业绩不佳的股票,他们往往会失去帮助你监测这只股票的兴趣。而且,当他们认为买入某只股票的时机已到时,他们会首先告诉他们喜欢的客户。现在,监管机构认为,经纪人必须把信息同时告知所有人,由此便出现了机会的抢夺战。而且当好消息来临时,少数人会买入,但大客户不买"。像富达这样的大投资者采用的诀窍是,即使好消息来临,也要找到能比整个市场更早买入和卖出股票的途径。如今,该公司专门设置了一个交易席位来执行波顿和其他基金经理下达的指令,但管理流动性的问题依然存在,尤其是因为现今富达的资金规模庞大,它很容易成为所青睐的中小企业的最大的单一股东。

[①] 如1981年5月发布的富达特殊情况信托报告。

因此,波顿买卖股票不再像之前那么容易了,至少在英国股市是如此。随着他管理的基金规模变得越来越大,他面临着两种选择:要么坚持原来的方法,寻找更多不受追捧的小公司股票;要么改变风格,从大型上市公司中寻找价值股。自20世纪80年代中期以来,波顿管理的基金成了同类基金中规模最大的单一基金,他兼顾了两种方法。总的来说,他仍然倾向于市场上的中小盘股,部分是因为林奇和富达的其他基金经理也是这么做的。但当估值看起来比较诱人时,他也乐于持有大盘股,例如,临近2003年年底时,他发现大盘股变得更有吸引力了。在过去的3年里,大盘股的数量在波顿的投资组合中创了新高,但与基准富时综合指数相比,其比例尚不足后者的一半。

投资组合的规模较大时波顿仍坚持价值驱动原则,这需要与分析师和基金经理团队密切配合。"我确实需要团队帮我监测投资组合中的这200只左右的股票。事实上,分析师为我做的最重要的事情就是监测我持有的股票。"波顿称,尽管不会造成灾难性的影响,但基金规模的日益扩大势必会拖累其未来的业绩。"这意味着我管理的基金的业绩不大可能出现在业绩榜的前10%,但我的目标是出现在前1/4,我自信肯定能实现这一目标。"[1]基金的规模过大时还能否在未来产生高于均值的业绩,这个问题一直困扰着许多财务顾问,因为他们的客户之前依靠波顿的专长获利颇丰。[2]富达的各类基金都得到了精心的管理,但没有哪位基金经理能如波顿一样取得如此持久的成功,正因如此,人们都很关注他最终接班人的信息。

---

[1] 对于那些不熟悉基金管理常用语的读者来说,当基金的业绩排在同类基金的前10%时,即指该基金位于前10位;当排名在前25%时,其位于1/4位。
[2] 关于规模的质疑,波顿在2003年11月接受《星期日电讯报》采访时说:"我确实相信存在一个临界点,超过这个点,基金会变得无法管理,但我不确定这个临界点的具体数字是多少。"

为什么投资于复苏股或其他不受他人青睐的股票会产生较高的业绩呢？波顿认为，这可以用市场上的"羊群效应"进行解释。"你必须利用好对你有利的股市过剩机遇。关注复苏股会促使你逆潮流而行。大多数人都对群体的行为充满信心。当每个人都说沃达丰（Vodafone）是一家优秀的公司时，大家就都愿意相信沃达丰是优秀的公司。如果有三位经纪人给我打电话并告诉我买入某只股票时，我的反应通常是，'这只股票可能不太好'。因为市场已经饱和了，它对某些股票过于乐观，而对某些股票又过于悲观了。我还认为，市场是非常短视的，不会考虑企业的长期动态等因素。"

任何严谨的投资者必须具备的一个关键特征是，比市场上的其他投资者具有信息优势。"一般来说，我不大喜欢对宏观经济以及油价等问题发表看法，其他人已经发表了一些看法，为什么我会有更好的看法呢？但是，当你特别关注一家小公司时，与其管理层会谈后，你可能说：'天哪，太棒了，我现在可能比其他任何人都了解这家公司了。'这正是吉姆·斯莱特（Jim Slater）的祖鲁法则（Zulu Principle）发挥效力的地方：如果你是某个领域的专家，无论这个领域在广阔的世界里显得多么渺小，你也比其他人具有优势。[①] 我想把赌注押在我具有优势的领域。富达是世界上最大的投资机构之一，我借助这个平台接触到了很多公司和信息。我这里指的不是内幕信息，而是说汇总大量的零散信息后，你会比一般的投资者具有更开阔的视野。"[②]

[①] 吉姆·斯莱特是一位金融家，在20世纪60年代末至70年代初的牛市中业绩斐然。他的投资信条是：要想取得成功，就要在小领域内深耕细作。因其妻的一句话，他的这一信条被称为"祖鲁法则"。
[②] 根据现代的内幕交易法，根据未公开发布的信息买卖股票是违法的。

● CHAPTER 2 / 第二章

在欧洲市场的蓬勃发展

在波顿的职业生涯中，有一点值得注意，那就是，事实已经证明，他的选股方法在两个不同的投资领域内皆有效。很少有基金经理能像波顿一样，同时在英国和欧洲大陆市场上成功地运营了主动的股票投资组合。尼尔斯·托布（Nils Taube）也是其中一位，但这样的基金经理实属凤毛麟角。波顿希望找到不被其他投资者看好的股票，这正是他早期对欧洲股市产生兴趣的原因。"20世纪80年代初，我对欧洲产生了兴趣。一些投资者青睐未被充分研究的股票，对这些投资者来说，当时的欧洲令人惊异，因为它的市场潜力几乎未得到挖掘，股市对信息的反应非常简单。现在情况已发生了巨大的变化，改变虽不够彻底，但确实很大。"

传统的基金经理往往把英国和欧洲股市视为截然不同的类型。波顿回忆说："把通晓多国语言的人放到欧洲大陆不会有什么效果。最出色的人才在英国、美国和日本，最后才是欧洲大陆。"当时欧洲大陆的股市发展还不成熟，再加上竞争有限，使得其在当时看起来是不错的投资目的地，但波顿补充说："由于我语言能力有限，因此最不可能被派到欧洲市场。但至少我对投资有些了解，我能发现别人发现不了的东西。"

对于在英国受训的投资者来说，分析欧洲股票要比分析美国或英国股票更难，原因有很多，比如会计惯例不同，欧洲的信息披露水平历来不太高，在法国这样的国家，通常需要处理复杂的交叉持股和所有权结构问题。如果你认为英国的收益数据不可靠，那欧洲大陆公司报告的数据就更不靠谱了。因此，波顿更倾向于依赖其他类型的估值比率，例如企业价值与现金流的比率而非传统的市盈率。①他指出，这既是大多数公司在做出是否参与收购竞标决策时重视的指标，也是投资者的强大工具，对波顿这类有兴趣发现潜在收购目标的投资者很有用处。

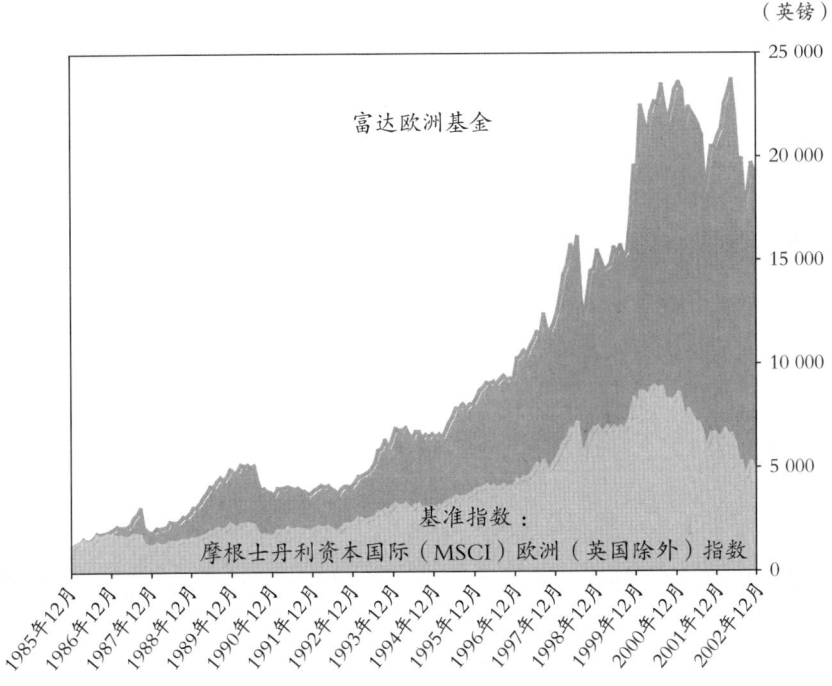

图2-2　富达欧洲基金发行时投资1 000英镑的价值（1985~2002年）

富达分析欧洲股票的方式是比较国家间的行业估值，"比如评估零售食品商英佰瑞（Sainsburys）和特易购（Tesco）时，他们会把它们的估值与欧洲大陆市场上的家乐福等食品零售企业的估值进行对比。我相信，如果你正在寻找一家意大利保险公司，你首先会看看熟悉保险业的专业人士的看法，然后再看看熟悉意大利的专业人士的看法。在英国和美国

---

① 企业价值对现金流的比率=企业的经济价值（股票市值与净债务之和）÷总现金流（粗略地讲，即营业利润与折旧之和。）

● CHAPTER 2 / 第二章

这些更为成熟和复杂的市场学到的知识能帮助你发现欧洲的异常情况和机遇。我通常就是这么做的"。有时候，趋势的作用是相反的。英国能源公司（British Energy）是一家经营英国核电站的私人公司，波顿买入这家公司的股票不是因为其他投资者不愿意买入——"核"是个令人忌讳的字眼——而是因为经营公共业务的欧洲类似公司的股票交易额要高出好多倍，而且不受"核"字眼的不利影响。

无论把资金投向哪里，波顿都很审慎，他不会只在考虑宏观经济的基础上做出买入股票的决策。（同样，他也不大去揣测市场时机。）他曾向我提过一个例子。他说，从经济角度来看，当时持有欧洲股票"不太明智"。他认为，欧洲推动联邦制对股市的成长非常不利，但早期的结构性变化抵消了这种负面影响，使得股票在欧洲大陆更受欢迎，而且企业向投资者披露的信息量增多了。波顿说，只有德国的公司仍然采用传统的欧洲大陆习惯（即拒绝投资者到访），但现在情况有所好转。

波顿管理欧洲投资组合的原则与管理英国投资组合的原则基本相同，但更偏向于规模较大的公司。组合的重点仍然是中小企业，即市值在5 000万至5亿英镑的企业，但也投资于规模较大的领先企业（约占组合的25%）。他说，他发现欧洲出现好转的股票比英国少，但以低于资产价值的价格出售的股票比英国多。其中的一个原因是，从历史上看，英国企业的收购潜力远远高于大多数欧洲国家的企业。那些长期以来以资产价值的折扣价出售股票的公司在英国市场上很容易成为被竞购的对象。相比之下，在欧洲大陆，由于大股东是银行而非机构投资者，竞争性的收购很罕见。波顿与其竞争对手之间最显著的差异是，他采用的方法是自下而上的。其他许多欧洲基金都以资产配置为基础，在法国配置一定的比例，在德国配置一定的比例，但波顿不一样，哪里最有价值，他就把资金投向哪里。

因此，他的基金投向与竞争对手的大不相同。例如，在20世纪90年代的大部分时间里，其他投资者的基金主要投向了斯堪的纳维亚半岛上的国家。波顿认为，这部分是因为，北欧国家的公司比法国或意大利的公司更愿意与投资者交流，也更愿意考虑股东的利益。但这也进一步证明了波顿的基本投资理念的合理性：当你做的与其他人一样时，你的业绩也好不到哪里去。事实上，当波顿发现自己的投资组合中各个股票的权重与其他竞争对手的一样时，他会觉得自己违背了奉行的投资理念。但其他竞争对手很少能做到这一点，外部基金分析师的分析已反复证明了这一点。[1]

然而，他确实很关注投资组合的整体平衡，以确保它不会过于依赖任何一个板块或市场。例如，在他的欧洲基金中，除主要市场（德国、法国、瑞士和荷兰）外，对其他任何国家的投资比例都不会超过基金总额的20%。他的英国基金也是如此，他会在每年的基金报告中列出投资于各个行业的比例，比例一般不足以对整个基金的业绩造成影响。他认为，只因为别人将资金投入了某个板块，自己也跟风做了己不利的事情是极不理智的，他宁愿买入其他板块内股价有吸引力的股票。然而，除非在极为特殊的情况下，他也不会缺少某个板块的股票，例如1999~2000年间的牛市高峰期，他根本没有持有当时大热的TMT板块股票。波顿在投资组合中控制风险的主要方式是，确保没有任何一次投注能将整个基金置于危险的境地：单一持股不会超过基金总额的3%，或者对任何板块的投资额不会超过基金总额的30%。

---

[1] 参见克鲁斯·温特弗拉德证券公司（Close Winterflood Securities）的分析师撰写的富达特殊价值投资信托基金研究报告。

● CHAPTER 2 / 第二章

寻找英国之外的市场机会

尽管2001~2003年间波顿将欧洲基金的管理权移交给了他人，但他仍然会投入时间管理英国之外的资金。英国特殊情况基金有20%的境外投放额度，波顿经常利用这一机会。事实上，尽管当时他只是偶尔接近20%的临界值，但在20世纪80年代，他某些时候所持的股票中，有25%的可被归类为境外持股。在早期特殊情况基金的报告中，经常会突然出现一些海外公司的名字，但它们又会很快消失。例如1981年9月，他将超过5%的资金投放于挪威和澳大利亚，主要是买入了石油和矿业股。5年后，一批意大利股出现在了他的投资组合中。与此同时，有报道称他正在购买欧洲债券。在20世纪90年代，波顿再次买入了挪威石油公司的股票。最近，他乘着中国经济繁荣发展的东风，买入了一些中国公司的股票。

投资咨询领域存在"思想警察"（thought police），他们会运用复杂的模型分析基金，显示出基金所谓的"风格纯度"。波顿的投资方法必然会使这些人感到困惑，但他在多个领域投资的能力为他增加了新的赚钱工具。他这么做的理由很简单："我一直以来都在对其他国家进行投资，这符合我的风格，也能让基金持有人获益。我没有理由不继续这样做，特别是当我对某个市场或行业特别了解时。"[①] 这就是说，他强调他从海外买入的几乎总是其他分析师不看好的股票或是他认为能带来竞争优势的股票。尽管他偶尔也持有一些美国股票，但这些股票都属于籍籍无名但可能具有某种特殊的优势、与英国有关联的小公司，例如位于加利福尼亚的卡迪姿有限公司（Cadiz Inc）。该公司在美国拥有水权，是在美国证

---

① 也就是说，部分资金投资于非英国市场使得他的基金很难与其他100%投资于英国市场的基金进行公平的比较。

券交易所上市的公司，但其资金主要由英国投资者提供，首席执行官也是英国人。出于同样的原因，他也买入了澳大利亚运输公司TNT的股票，当时该公司80%的业务都在欧洲。

他多年来一直奔走于欧洲各国，参观考察众多公司，这意味着他很了解投资对象，而且自他放手欧洲基金的管理权后，他管理的英国基金增持了欧洲股票。这些股票增加了波顿投资组合的多样性。与此同时，他对中国市场产生了兴趣，这部分是因为他作为抄底商人对价值的敏感，也因为他认为中国是世界上最有希望的市场，对任何寻找新股的投资者都很有吸引力。2004年秋，他在中国内地和香港待了两周，其间参观了大约40家公司。不久之后，他还访问了印度。[1] 他声称："中国令我感兴趣的原因有三个。第一，它是我最近考察新股市期间发现的最令人兴奋的地方之一。第二，从投资角度来看，中国已成为决定世界其他地区动态的重要力量。到中国进行实地考察让我有机会建立领先于其他投资者的优势。第三，不再管理欧洲基金后，了解一个新的领域本身就是个新挑战，我对它很感兴趣，并乐此不疲。"

富达在远东设有一个本地研究团队，波顿一直运用从欧洲市场发展中获得的经验帮助这个研究团队识别最具潜力的公司。波顿表示，中国市场的投资者面临的最大风险不是寻找有利可图的买入机会，而是公司治理体系（解决"你能收回你的投资吗"这一问题的关键）不完善。这也是波顿迄今为止完成的少数投资主要面向的是已与西方企业建立合作关系的公司的原因。中国股市仍然是其整体投资组合中的一小部分。他说他一直在思考其海外资产多年来是否对其业绩做出了重大贡献，这一

---

[1] 富达于2004年10月发行了一只中国基金和一只印度基金。

点颇令人惊讶。图2-3展示了波顿多年来持有的非英国股的规模,从中可知这些股票在其基金发展历程中发挥的重要作用。

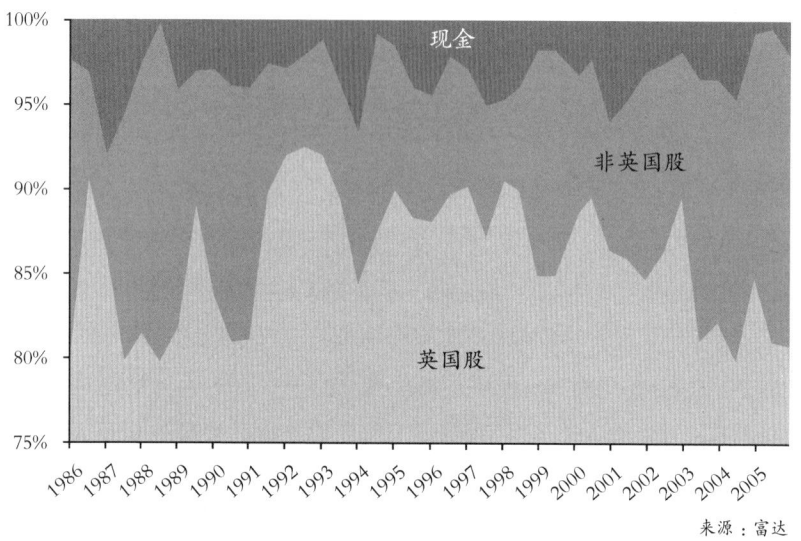

图2-3 国际化的富达特殊情况基金:不同地域的资产配置比例

■ **投资想法的来源**

波顿说,他的想法很少是突发奇想得到的,大多是在他的脑海中不断积累,直到他决定买入或卖出某些股票时最终成形的。你既要了解成就优秀公司的因素是什么,又要了解如何评估不同类型的公司。这是一个发现估值异常的公司,吸收新信息,并等待投资信念确定的问题。"信念有起有落,很多时候,你对一切都不确定,但当你确实萌生坚定的信念时,你就要给予它强有力的支持,这一点很重要。"换句话说,当他强烈地感觉到自己找到了赢家股时,他就会投入大量的资金,即使这意味着他的基金配置比许多竞争对手更集中。即便如此，除非突然出现大量的股票，他一般都是分阶段建仓，初次购买试水后，若市场变化印证了他的想法，他的信念就会变得更加坚定。他坦承，即使在做出相当大规模的投资后，他也不总是确信自己做了正确的事情。他在2002年接受的一次采访中说："有些人似乎认为，像我这样的人肯定非常确信自己一直以来所做的事情，但事实并非如此。我一直在质疑自己的想法。"[①]

"买入并持有"型投资者一般会长期持有股票，波顿与这类投资者不同，他的策略通常是，一旦股票的价格反映了其全部价值，他就会出手这些股票，并开始物色其他股票。他持有股票的时间一般是1~2年，特殊情况下，投资时间会延长（如怡和保安的股票）。这正是波顿的投资组合中股票周转量相当高的原因：每年有70%的投资组合会被换掉。他的平均持股期为18个月，对于那些寻找定价异常的股票、依据众多的信息源做出决策的投资者而言，这样的策略是适宜的。这不是伊恩·鲁什布鲁克（Ian Rushbrook）这类投资者的风格。[②]然而，当我问波顿，谁是对他影响最大的投资者时，他首先提到的是沃伦·巴菲特，尽管后者的投资风格与他的截然不同。波顿表示，尽管巴菲特持有的股票不像他那么多，完成的交易也很少，但巴菲特的两大思想深深地影响了他，它们是：重视拥有强大商业特许经营权的公司和能够产生自由现金流的企业。

波顿还说，他借鉴了"很多彼得·林奇的方法"，他将这些方法界定为："投资时亲力亲为，实地考察公司，坚信要预测收益，先要预测

---

① 2002年4月接受城市连线（Citywire）基金知情人（Funds Insider）栏目的采访。波顿在此次采访中还说："投资是非常有意思的活动，有时需灵活应变，思维开放，有时则需要坚定地支持你认为定价有误和被低估的股票。"
② 伊恩·鲁什布鲁克是爱丁堡的个人资产（Personal Assets）投资信托基金的投资总监，这是一只以长期投资为特色的私人投资者基金。多年里，伊恩·鲁什布鲁克只对其投资组合进行了四五次变更，其奉行的理念是，少数正确的优秀决策要比大量糟糕的错误决策更有益。

股价。"最后，他也呼应了尼尔斯·托布的这一观点：从某种意义上说，成功的专业投资就像在剽窃，即搜寻他人拥有的好创意，然后疯狂地复制它们。就像他买入的股票涵盖各种类型和规模一样，他在投资时也会运用"大杂烩"的方法。例如，他想成为逆向投资者，同时他也想通过图表了解其他投资者的买卖情况，这二者之间存在明显的冲突。尽管他是众所周知的"价值投资者"（他本人也承认这一点），但他显然也关注可能被其他人轻易划归为"成长股"的公司。①

■ 运用技术分析

在顶级投资者中，波顿是个异类，他一直使用大量的技术分析或图表支持他的投资决策，他很乐于承认这一点。在投资界，图表分析人员运用各种技术分析股票以往的业绩，以此预测未来股市的赢家和输家。技术分析的基本原理是，人们能根据股票过去的价格历史推演出其未来的变化走势。从约翰逊创立富达伊始，该公司就认识到技术分析对投资者决策很重要，因此在公司所有的投资管理办公室，包括伦敦办事处，都配备有图表室。室内有几十张打印出来的图表，其中的一些有玻璃窗那么大，被张贴在四面墙壁的木板上。

通常情况下，图表分析人员想找出能预示股价未来走势的一般规律。这种形式的投资分析尽管有悠久的历史，而且已被证明具有很强的生命力，但许多投资者认为，它是危险的无稽之谈。美国作家兼投资顾问约

---

① 事实上，"成长股"和"价值股"之间的界限很模糊。快速成长的公司也可以提供被过于低估的价值，即使它不符合传统的价值股标准，比如高于平均水平的股息收益率或较低的市净率。波顿最成功的一次投资是在诺基亚成为世界领先的手机公司之前很久就看到了它的发展潜力。

翰·特雷恩（John Train）①的话代表了大多数对图表分析持怀疑态度之人的心声，他说："我发现图表没什么实际用处。"30年前，吉姆·斯莱特发现图表分析人员通常"身穿脏兮兮的雨衣，在银行的透支额很大"，他的话令听众捧腹大笑。人们常听到的一个问题是："你上次看到一个因图表分析而致富的人是在什么时候？"

但波顿并不这么看。②他借助图表筛选出可能有益的想法，并从中发现投资公司可能出错的苗头。他发现技术分析对审视大公司特别有帮助，随着他管理的基金规模越来越大，他必须越来越重视大公司。葛兰素史克公司（Glaxo SmithKline）就是一个很好的例子。这是一家世界级的制药公司，是领先的蓝筹股，但波顿指出，这家庞大公司的股价波动性过高。尽管行业的基本规律众所周知，但这只股票"从趋之若鹜到无人问

波顿在富达的图表分析室

---

① 约翰·特雷恩是《当代投资大师》（*Money Masters of Our Time*）一书的作者。
② 实际上，现在斯莱特也不怀疑图表的作用了，他也认为通过图表查看买卖双方的优势平衡状况是有价值的。

津"，显得太不正常了。查看葛兰素史克这类公司的图表，波顿往往能察觉出其股票什么时候进入新的阶段。多年来他曾借鉴过不同的服务机构提供的分析，但他现在做出买卖国际股票的决策时，主要依靠富达内部分析师和美国股票分析公司QAS提供的分析资料。QAS拥有的一大优势是，它通常会定期在分类图表中标明各板块的领头羊股票处于周期的哪个阶段。

有一天我到波顿的办公室拜访他时，他给我讲了两个图表助他决策的范例。其中的一个例子与法国电脑公司Axime有关。他持有这只股票已有一段时间了，与其他国际电脑公司相比，该公司的股票估价看似相当合理。他喜欢电脑板块，这只股票也是他在一般情况下希望加持的，但图表显示，从技术层面来看，这只股票已处于"峰顶"了，这让他重新慎重思考决策。第二个例子与法国电视公司TF1有关。波顿持有该公司的股票已很长时间了，不仅富达的内部分析师对其股票的评价转为负面，图表也显示出其技术状况正在恶化，因此波顿将这只股票清仓了。波顿解释说，图表分析的价值在于，它提供了有关买卖双方之间当前优势平衡的重要线索，是投资者留下的足迹。

■ 应对挫折

尽管本书下一部分的内容详述了波顿的长期优异业绩状况，但其投资生涯并不是一帆风顺的。1990~1991年的经济衰退期间，他遭遇了此生最大的挫折。在此期间，他的基金业绩变得异常糟糕，但在此之前，基金的业绩一直非常出色。在发行后的第一个10年里，特殊情况基金的累积收益率高达1000%以上，这样的业绩显然是不可持续的。在这10年里，该基金的收益率有9年是正的,不仅如此,在这9年里,其年收益率均超过了23%,这是令人难以置信的成绩,即使是在大牛市期间,这样的业绩也很突出(尤其是这10年包括了1987年——当年华尔街股价在短短几天内暴跌了1/4)。颇具讽刺意味的是,由于该基金的报告期从未延续至日历年的年末,而且基金资产价值的波动性相当大,波顿在对股东的报告中常常要对短期内相对较差的业绩结果做出解释。恰巧有一份基金报告出现在1987年的10月份,即所谓"黑色星期一"的前几天,这份报告中载有这样一则声明:"尽管估值水平较高,政府债券表现不佳,令人担忧,但我们认为,牛市尚未结束。"从某种意义上说,这样的论断是正确的:股市确实从1987年10月的崩盘中复苏了,而且延续了两年的牛市。因此,这份报告本应在更好的时机公布。[①]

然而,到了20世纪90年代初,经济衰退给英国经济和金融市场造成了沉重的打击。1990年,波顿管理的基金损失了28.8%,可谓损失惨重。1991年,基金的收益率由负转正,但仅有3.0%。波顿投资的一些公司没有像他预期的那样从经济衰退中恢复过来,而是关门大吉了。基金管理是竞争激烈的行业,但也是要求十分苛刻的行业。波顿之前虽已大名鼎鼎,被誉为业内最出色的基金经理,但在此时,伦敦金融城内传出了他的能力大不如前的诸多闲言碎语。基金的5年业绩记录有史以来首次低于富时综合指数。富达在1991年10月发布的报告中称:"对于这只信托基金的投资者来说,过去的6个月可谓令人沮丧的时期。原因是什么,哪里出了问题,投资者们应得到详尽的解释。我们在上一份报告中曾写道,我们认为英国股市已开启了新一轮的上升趋势或'牛市阶段',而且从过去

---

① 这一声明强调了提前进行市场预测的危险,这是波顿尽可能避免的做法。

的周期历史来看，它始于衰退期间，出现在复苏之前……我们过早地认为投资组合中占大多数的公司的境况会有所好转。"有一位股东因对基金的业绩下滑非常不满，给波顿写了一封信。他在信中称波顿的业绩惨不忍睹，应该去外面"扫大街"了。这一评论后被制作成了一幅漫画，至今还挂在波顿办公室的墙壁上。

波顿本就是严以律己之人，他后来承认，那是他有生以来度过的最艰难的时期。事后来看，1990~1991年间的经济衰退导致波顿的业绩连续18个月受挫，但这段时期磨砺了波顿，为他未来长期获得超高的业绩积累了经验。当时的影响尚不明显，1998年，波顿对我说："20世纪90年代初，我在事业处于低谷时，进行了深刻的反思。我发现，遇到严重的经济衰退时，我的投资方法显然效果不佳。但问题是，我是否应改变投资方法

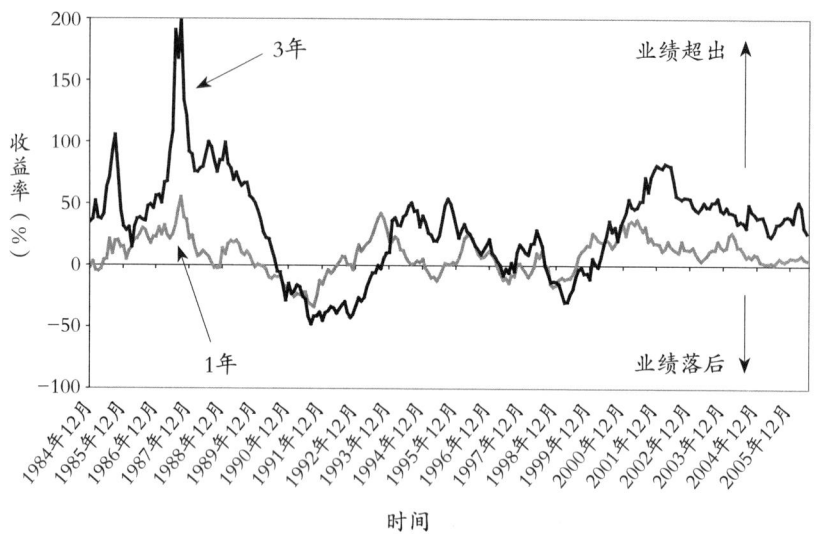

注：开局取得了优异的业绩后，富达特殊情况基金1990~1992年间和1997~1998年间业绩落后于市场。

图2-4 富达特殊情况基金在大部分时间里（但并非所有时间）业绩出色：
与富时综合指数1年和3年滚动收益率的差异

呢？谢天谢地，我没有那样做。改变投资方法会使我走向绝境。如果你从一开始就采用了不信任的投资方法，那么失败是在所难免的。"从那以后，波顿及其富达的同事们投入了大量的精力来跟踪"z值"和其他指标①，信贷分析师们可通过这些指标发现潜在的企业问题。有人认为波顿当时对工作不够重视，波顿否认了这一说法，但他承认，他从当时的经历中获益良多。

从那时起他就认为，他和投资者们必须学着忍受基金高于平均水平的波动性。"在经济衰退期间，我投资的中盘股的业绩下滑幅度通常高于大盘股，这是我必须付出的代价，我没有其他选择。"他告诉我，他现在的态度是："如果我对一家财务状况糟糕的公司非常了解，我不介意买入它的高风险股。少数情况下，一些公司的财务状况远比我们认识到的更为糟糕，这会使我们的利益受损。我们不想再犯同样的错误了。这正是我们现在仔细审核资产负债表的原因。" 1990~1991年经济衰退期间，他的股票业绩如此糟糕可能是富达与其投资的公司保持密切联系的政策导致的，这听起来可能具有讽刺意味。这次经济衰退不同以往的特殊之处是，即使是那些多次经历经济衰退洗礼的公司也对此次经济衰退的严重性预估不足。例如，当时并没有出现董事的集中套现行为，倘若公司已充分意识到了即将面临的困境，人们一般认为公司的董事会抛售股票套现。

但是，当波顿宣称其基金的波动率高于平均水平后，他得出了这样的一个结论："我的投资方法在中长期有效。不能因为要经历一段特殊的困难时期就将事情搞砸！"②他说，在任何情况下，优秀的投资经理都不

---

① "z值"是一个综合比率值，用它可分析公司的财务状况，而且事实证明，利用该值能成功地预测一家公司近期破产的可能性。
② 参见1997年1月彭博社对波顿的专访。

应对失败过度敏感。从事这个行业，必定会经历失败。"你必须乐于接受其他人提出的不同看法。他人的认可会让你更加自信。我不是一个非常感性的人，而且我认为管理资金决不能受情绪的影响。你必须对股票保持冷静，必须准备好承认错误。在这一行，遭受挫折是常有的事。行业在不断变化，挑战无时不在，你必须随着环境的变化而变化，不能沉迷于以往的成绩。同样重要的是，你需要得到一位杰出老板的支持，他愿意陪你度过一段起伏不定的艰难时期。"①

牛市及以后的时期

事实证明，尽管20世纪90年代不是波顿职业生涯中最辉煌的10年，但也算较好的10年。这也许是因为他管理着两大资金池的缘故，一个是欧洲股票型基金，另一个是英国股票型基金。但有些时候，若以3年或5年的滚动收益率来衡量英国基金的业绩的话，它未能跑赢基准。诚然，特殊情况基金的投资者仍有充分的理由感到高兴，因为他们的绝对收益率总是为正的。1990年以来买入基金的投资者，其5年的平均收益率高达106%，而富时综合指数仅为65%。但市场趋势的变化并不总对波顿的投资方法有利，至少其英国基金的业绩经历了一段低迷期，尤其是市场达到一个不可持续的新高峰、牛市即将结束之际。

1998年，波顿在接受《机构投资者》（*Institutional Investor*）杂志专访时告诉我，他想不起在他的职业生涯中，有哪一次如这次一样，他所偏好的中小公司的股票如此让其他投资者避之唯恐不及，或者说对抄底的

---

① 引自1991年10月的《财务顾问》（*Financial Adviser*）。

投资者如此具有吸引力。他的判断是正确的，但市场一直是风潮的奴隶，而且不久就被网络风潮迷惑了，投资者们故意忽略了他将近18个月的时间。在投资者的眼里，他的信托基金的折扣幅度是该基金地位的晴雨表，当折扣幅度提高到史无前例的25%时（至今未重现过），精明的投资者获得了低价利用波顿选股技能的千载难逢的好机会。投资信托基金里的股票构成与特殊情况单位信托基金的几乎一模一样，2001年该基金溢价销售，自此之后便几乎未打折销售过。在截至2003年底的前5年里，单位信托基金的收益率为120%，投资者信托基金的收益率为168%，而市场一直受熊市的不利影响，市值减少了5%。

事实上，自大牛市结束以来的基金业绩反映了波顿投资才华的另一面。虽然他因高于市场的业绩而声名大噪，但自2000年3月股市创新高以来，他的业绩更加令人印象深刻了，这无疑令他声望大涨。正如我们现在所知的，在互联网泡沫以及"TMT股"（电信、媒体和科技股）风潮的刺激下，紧随其后的是这一代人经历过的最严重的熊市。从2000年3月的峰值到2003年3月的低谷，以富时综合指数衡量的英国股市下跌了近50%，绝大多数主动管理的股票型基金都未能幸免。

事实证明，许多在牛市的最后阶段业绩飙升的基金经理都是纸老虎，或者是只会一招的小马驹，大量主动管理的基金给其投资者带来了70%或更多的损失。按理说，根据传统的分类，波顿基金的风险高于市场平均水平，这一时期应该遭受更多的损失才对。然而，正如下面的数据所显示的，富达特殊情况基金虽未能免受市场不景气的影响，但损失并不算严重。事实上，这只基金是2000年3月~2003年3月期间能够产生正收益的少数基金之一。① 当2003年春牛市恢复之际，这只基金再次获得了超高的收益，如在低迷时期一样，其业绩远高于市场。

表2-1 不同时期的收益率

	波顿	市场	差异
20世纪90年代中期牛市 （1993年3月~1996年3月）	73.2%	48.5%	24.7%
牛市末期 （1996年3月~1999年3月）	40.3%	71.2%	-30.9%
牛市的最后一年 （1999年3月~2000年3月）	29.3%	19.9%	9.4%
熊市 （2000年3月~2003年3月）	3.8%	-39.3%	43.1%
复苏期 （2003年3月~2006年8月）	144.8%	93.8%	51.0%

波顿说，其业绩一直如此优异的原因有很多。我们可追溯至市场达到顶峰之前的几个月，当时电信、科技和媒体三个板块的股票都与网络的出现存在松散的联系，这些股票因过于热门，导致它们的股价完全脱离了实际。当时这三个板块的股票市值占整个英国股市的40%，但波顿几乎没有染指，他拒绝放弃自己的估值原则，而是悄悄地增持了其他股价尚未受到市场泡沫影响的股票，而且从历史数据来看，他购入的这些股票的交易率低得离谱。

这导致他的基金业绩一度落后于市场，但为泡沫破灭后业绩的强劲

---

① 表2-1中富时综合指数下降50%和总收益损失39.3%的差异是根据股息计算而得的。本书中，为了便于比较，富达特殊情况基金（不支付股息）和富时综合指数（许多成分股支付股息）的业绩均按股息进行了调整。

复苏奠定了基础。富达特殊价值的主席亚历克斯·哈蒙德-钱伯斯（Alex Hammond-Chambers）认为，这是波顿职业生涯中最辉煌的时刻之一。"当时，TMT股占投资组合的近一半是很常见的配置，因为大盘指数涵盖的股票结构就是这样的，其他人也是这么操作的。但是，如果你想成为一名与众不同的投资者，而且你天生厌恶风险，那么你必须做自己认为正确的事情，决不能随波逐流。大多数基金经理都像旅鼠，但安东尼刚好相反。"特别是，他没有落入这一思维陷阱：仅仅因为最受追捧的板块中有一只股票的市盈率是市场领头羊的一半，就认为其价格是便宜的。事实证明，即使是TMT板块内最"便宜的"股票，其价值也被严重高估了。

英国基金自牛市结束以来表现良好的第二个原因是，之前由于投资者在市场繁荣期间追逐更加不可能实现的技术推动型成长股而忽视了价值投资模式，如今，这种模式又受到了追捧。几乎在一夜之间，那些支付股息和享受高股息收益的股票，或根据经典的价值标准以较低的收益倍数或账面价值交易的股票，重新受到了青睐。作为具有价值思维的投资者，波顿在这种氛围下总是做得更出色。与此同时，自2000年以来，中小公司在大多数情况下的整体业绩优于大公司，这也有助于波顿的业绩，因为他投资组合中的许多大公司的股票在1999年都易手了。

波顿在熊市期间取得了优于大盘和同行的出色业绩，这说明他不只是能在牛市中取得成功。尽管波顿坚称自己是一名选股者，而不是市场时机的把握者，但他自此以后确实显示出了不同于常人的市场嗅觉。2003年春，他正确地提出了熊市已经到头的观点，而且明确指出了熊市于哪一天结束。这一振聋发聩的观点让许多人大吃一惊，他们从未听波顿提出过如此明确的看法。这绝非无稽之谈，早在几周之前，他就向投资富达特殊价值这一信托基金的董事会建议，增持符合基金风格的股票以把握市场预期好转的时机。①3年后,即2006年春,他公开警示说,他预感到牛市基本上已经走到头了。他随即采取了与之前相反的策略,建议董事会消除所有的基金杠杆,并推出看跌期权以保护基金不受股价普遍下跌的不利影响。事实再次证明,波顿的建议是及时的、有价值的。

成为万众瞩目的焦点:独立电视台事件

波顿一直注重发展和维护与财务顾问和媒体间的良好关系,他知道这两个群体对英国资金流向的影响最大。虽然他经常接受采访和演讲邀请,但他并非爱出风头之人。他乐于谈论自己对市场的看法,但不喜欢说竞争对手的闲话,或者利用媒体来宣传他持有的股票,但有一些专业的投资者就是这么干的,这种做法与他的个性不符。他与外人谈话时往往很谨慎,有时会比较直白地评论公司及其管理者,但总是点到为止。

因此,2003年夏,当波顿的大名在商业新闻页面上出现,被称为"一场阴谋"的领导者时,熟悉他的人都颇感意外,报道称他企图驱逐两家最大的独立电视台卡尔顿(Carlton)和格拉纳达(Granada)的领导人。据《星期日泰晤士报》(Sunday Times)商业板块头版的报道,"伦敦金融城最受尊敬的基金经理"正在游说电视行业,企图驱逐卡尔顿董事长迈克尔·格林(Michael Green)和格拉纳达的董事长查尔斯·艾伦(Charles Allen),让自己心仪的候选人担任合并后新公司的董事长。合并是两家公司几周前就公布的计划。该报继续引用一位匿名的金融城分析师透露的

---

① 波顿是在由木星资产管理公司(Jupiter Asset Management)组织的财务顾问研讨会(作者也出席了)上说出这番话的。目前尚不清楚他是否意识到他的预测会被媒体报道。我认为他没有意识到。

信息说，波顿是"金融城内沉默的杀手"。

这样的描述颇为生动，成了该报道醒目的标题。实际上，波顿当时只不过是站在股东的立场行事而已。至少自2001年以来，他一直是卡尔顿和格拉纳达的投资者。他现在对当时情形的描述是："我没有提出两家公司合并的想法，但一旦有合并的传闻，我就绝对赞成。在当时的ITV架构中，有些方面显然是低效的，若能适当调整，设置合理的架构，合并必然能带来巨大的好处。"为确认卡尔顿和格拉纳达合并后ITV的最佳管理者人选，他在几周内与媒体行业的一些人进行了交流。他说，在这个阶段，他没有与这两家公司的任何股东交谈过。波顿发现，《星期日泰晤士报》之所以称他为"幕后密谋者"，是因媒体行业的一位资深人士不知何故泄露了相关信息。

当时，这两家最大的独立电视台公司合并中面临的最大障碍是能否通过英国竞争委员会（Competition Commission）的批准。波顿回忆说，当他向公司及其顾问们提出自己的顾虑时，他们总是认为，在合并能否得到竞争委员会的批准还未可知的情况下，提出合并后的组织结构问题有些不合时宜。有人告诉他，这样做可能对交易的达成造成威胁。得知这一点后，波顿选择保留自己的意见，直到竞争委员会做出决定。他现在感到有些后悔的是，他当时同意保持私下的交流。在《星期日泰晤士报》发布上述报道之后，富达发布了一份措辞谨慎的公告，表示它在"各方面"均支持合并提案，但明确指出，它之前没有发表任何有关管理层的评论（至少富达是这么认为的）。①

直到2003年秋，竞争委员会才最终批准了两家公司的合并申请。此

---

① 当时《星期日泰晤士报》商业版的编辑威廉·刘易斯（William Lewis）反驳说，此声明不能被解读为富达没有寻求管理层的变动。

后，波顿和他的同事们决定向公司施压，解决合并后谁将管理公司的问题。两家公司的提议是，合并后公司的最高职位由两家公司的高层管理人员分担，即卡尔顿的迈克尔·格林担任新公司的董事长，而格拉纳达的查尔斯·艾伦担任首席执行官。波顿说，人们普遍认为，若要对公司的管理层进行调整，就必须在新合并公司的细节敲定之前达成共识，因此，时间是很紧迫的。时间紧，再加上一些人从中作梗，管理层变动这一起初很严肃的事情演变成了两家公司和它们的主要机构股东之间的决战，并被媒体大肆宣扬。

虽然波顿是富达内部第一个对合并后新公司的管理表示出担忧的人，但他绝不是唯一置身其中的人。富达的其他基金经理也持有这两家公司的大量股票，因此，上述问题很快就成了富达高层管理团队共同处理的问题。当富达与两家公司的非执行董事会谈时，波顿通常由首席执行官西蒙·弗雷泽（Simon Fraser）和最近任命的负责公司治理事务的特里劳尼·威廉姆斯（Trelawny Williams）陪同。弗雷泽回忆说，事实上，在三人共同出席的一次会议上，波顿根本什么话都没有说，这与媒体上报道的他策划了一场激进的股东阴谋的说法极不相符。

■ 斗争加剧，波顿的影响力有目共睹

没有任何疑问的是，ITV公司的非执行董事在与富达的会谈中表露了他们的疑惑：他们不清楚其他股东的看法是否与富达一致。波顿说，直到此时，他和同事们才开始与其他大型机构股东交流看法。富达与其他几家机构的交流表明，他们都不看好格林和艾伦分担最高职位。众所周知，两个人不服彼此，而且性格和行为方式也截然不同。提议的董事会结构

显然是政治妥协的结果,并没有考虑合并后企业的最佳利益。波顿及其富达的同事们认为,必须以一位独立的非执行董事长取而代之,他能对合并的双方不偏不倚。富达在与两家公司的非执行董事会面时直接表达了这一观点,也间接地通过银行和经纪顾问将此观点反馈给了两家公司。

全国性的报纸的企业版发现好戏正在上演,随后继续大力报道ITV合并事件。让波顿强烈不满的是,这些媒体的报道视角是高度个人化的,给读者的感觉是,波顿正利用主要股东的地位,对两家公司的高层管理人员穷追猛打。他无法摆脱"沉默的杀手"这一绰号。毫无疑问,这样的报道让富达的曝光率大大提高,变得家喻户晓,但这对波顿很不公平。在富达内部,如何应对这种突如其来的公众事件让很多人倍感头疼。虽然事后来看,围绕着ITV事件的宣传大大提高了公司的知名度,但当众兴风作浪绝非富达的行事风格。波顿小心翼翼地说,他阻止最初的提案通过决非出于个人私利。如果提议的董事长是艾伦而非格林,他也会从外部寻找一位独立的董事长取而代之。

到最后摊牌之际,ITV的态度缓和了,尽管是在最后一分钟表达了这一态度。一旦董事会发现,许多大股东都反对最初提议的董事会结构,出现这样的结果就在所难免了。格拉纳达董事会率先妥协,认为最初的提议无法按计划实施。这一表态被视为对卡尔顿的背叛,但后者也最终不情愿地做出了同样的表态。卡尔顿的董事长迈克尔·格林最终离开,格拉纳达的查尔斯·艾伦担任合并后的新公司的首席执行官。一段时间后,苏格兰银行(Bank of Scotland)前行长、声名卓著的彼得·伯特爵士加盟ITV,担任主席一职,并在适当的时候正式任命艾伦为首席执行官。虽然波顿力捧另一人担任董事长,但他对公司的最终选择感到满意,并将继续持有新公司的股票。然而,新公司之后的表现一直令人失望,这也表明当初他对两家公司施压，希望它们改变管理层结构的行为是多么正确！

事后来看，若当时各方都能谨慎处理的话，混乱的ITV争斗事件能否避免呢？考虑到当事公司的高风险，答案恐怕是否定的。波顿始终认为，私下悄悄地处理这样的事件效果会最好。许多其他公司的治理案例就从未进入过公众的视野。ITV事件之所以引人注目是因为，它反映出机构股东的影响力日益增大，其作为一个整体开始对上市公司的行为施加影响。机构股东过去因为不这样行事而饱受诟病。2004年，波顿接受《真实投资者关系》（*Real IR*）杂志专访时说，富达每年介入的案例约有50起，其中只有一小部分可能被报道。他说，如何运营的决策权仍然在公司董事会，但对于重大的战略性决策，富达会提出意见，比如并购提议或者业务的处置，因为这类决策可能会使公司的股票价格反弹。①

具有讽刺意味的是，当初把信息泄露给媒体的人想破坏波顿的大计，但结果适得其反，因为一旦事实证明波顿的观点有道理，能得到其他股东的广泛认可，富达就一定会与其他领先的股东一道要求公司实施变革。在此过程中，尽管波顿觉得媒体长篇累牍的报道令他非常不适，"沉默的杀手"这一绰号令他沮丧，但这一事件恰好反映出他在伦敦金融城的影响力有多大。其同事西蒙·弗雷泽说："由于他行事低调，那些不太了解他的人很容易低估了他的力量。ITV公司的非执行董事可能真的没有意识到，波顿对合并后管理层计划持保留态度有多大的影响力。"然而，到了摊牌之际，波顿为改变最初的计划，押上了自己多年辛苦累积的声誉，他的做法显然是说服富达施压的决定性因素，两家公司的董事会最终做

---

① 附录4有此次专访的全部内容。

出了让步。波顿于1979年入行时还是个羞怯、富有思想、具有选股天赋的29岁的青年,这次的ITV事件再次证明,在入行25年后,他取得的成就是多么辉煌!

■ 即将功成身退

多年来,人们一直在猜测、讨论波顿何时会功成身退,将余下的基金管理职责移交给接班人。考虑到基金的规模,基金对富达、对投资顾问谋生的重要性,出现这样的猜测和讨论不足为奇。英国的大多数基金在出售时都会支付佣金,也就是说,将基金推荐给客户的财务顾问和其他专业中介机构能够获得基金供应商支付的佣金。销售基金时,一般的佣金为初始投资价值的3%,富达特殊情况基金即是如此。另外,若投资者继续保留基金,顾问和推荐基金的其他人通常每年会获得一笔"续约佣金",知道这一点的人很少。续约的费用,有时被称为"追踪佣金",通常按基金当前价值的0.5%支付。

粗略的计算表明,富达特殊情况基金处于顶峰(即资产超过60亿英镑)时,那些具有远见卓识、向客户推荐它的顾问和其他中介机构每年可获得3 000万英镑的收入。尽管佣金体系的对与错不属于本书讨论的范围,但显然佣金额是巨大的(而且,让顾问和其他中介机构更为满意的是,佣金是滚动收取的,这意味着他们在以后的年份里不需要额外的努力就能继续获得收益)。因此,谁将取代波顿成为其英国基金的经理始终是一个令人关切的问题。对于富达而言,挑战在于找到一位真正能够延续波顿创造的辉煌、不对投资者利益造成重大损害的接班人。波顿对特殊情况基金的管理一直非常成功,该基金是富达的最高收入来源。换句话说,与继任者有关的金融风险是极高的。

显然,波顿在与管理层同事们就最佳的继任方式举行的内部辩论中具有强大的话语权。公司最终提出的解决方案不是将整个特殊情况基金移交给一位继任者,而是将其拆分成两部分,从2006年9月份开始,在15个月之内将它们的管理权移交给两名新经理。拆分基金是英国历史上前所未有的举措。在2007年12月波顿最终完成交接之前,有一半的资金将继续留在英国特殊情况基金内,而另一半的资金会被立即转移到新成立的全球特殊情况基金中。这样做是为了把波顿在英国的成功经验推广到全球。谁将成为新的全球基金的管理者呢?在几个月的猜测后,富达最终宣布,当选者是迄今为止名不见经传的芬兰籍员工乔玛·克霍恩。他将与波顿一起于2006年9月份推出新的基金,并于2007年1月份完全接管。不可避免地,全国性的报纸和商业媒体都报道了这一公告,这也证实了富达特殊情况基金的经理在行业中所享有的地位是多么非同凡响!

人们可能对克霍恩先生心生同情,因为他的前任太耀眼了。对于波顿而言,移交管理职责是很矛盾的事情,他自己也承认这一点。他亲自出马向心怀疑虑的人解释公司的安排,这说明他对富达和投资者利益极为忠诚。他公开赞扬继任者的品德,真诚地谈论他们投资方法的相似之处,但私下里他仍然很担心移交会对基金产生不利影响。2006年夏众多报纸对他进行采访时,正值基金将被拆分之际,他承认自己有点担心特殊情况基金中英国部分的业绩状况。近年来波顿逆市场而动的投资方法运行非常顺利,价值投资风格收效显著,他青睐的中盘股市场业绩优于其他板块,他担心在他执掌基金的最后12个月里,这些趋势会逆转,对基金的业绩造成损害。

这样的担忧有无道理,时间终会证明。2006年9月,基金持有人批准了拆分基金的方案，有超过95%的基金持有人投了赞成票。尽管富达为可能的赎回浪潮制定了应急预案，但显然波顿的大多数投资者都会支持他的提议，给他选择的两位继任者中的第一位——乔玛·克霍恩一个展现才华的机会，看看他如何布局新成立的全球特殊情况基金。在波顿执掌英国基金的最后一年里，该基金持有的伦敦市场排名前100的上市公司的股票占比仍然高于其历史上的大多数时候。分拆出30亿英镑后，该基金的资产规模减少了，尼尔·伍德福德（Neil Woodford）执掌的景顺基金（Invesco Perpetual）因而登上了第一股票型基金的宝座，他也是一位彻头彻尾的价值投资者，业内许多人都认为他最有可能成为继波顿之后的英国基金经理的翘楚。然而，最令人震惊的是，报纸数周长篇累牍的报道中几乎没有关于波顿投资方法的新内容，都是些老生常谈。市场可能千变万化，但造就一位成功的基金经理的素质——严以律己、兢兢业业、沉着冷静和对价值极为敏感——却几乎没有变化。

第三章

评估安东尼·波顿的业绩：
他的业绩有多出色，
又是如何取得的

（乔纳森·戴维斯）

CHAPTER 3 / 评估安东尼·波顿的业绩：他的业绩有多出色，又是如何取得的

■ 业绩分析及背景介绍

本章分为两部分：（1）详细分析安东尼·波顿在富达27年的职业生涯中管理的特殊情况基金和其他基金的业绩；（2）评估波顿取得的成就并分析其作为专业的投资人取得骄人成绩的原因。想查看基金业绩分析的读者可跳过接下来几节的内容，直接阅读后面的分析部分。有关安东尼·波顿基金业绩的更多详细数据可参见附录。我在本节中分析基金的业绩和风险特征不是为了说明波顿的业绩优于同行（这没什么可争议的），而是想在相应的背景下衡量和确认波顿取得的成绩有多大。

要分析基金经理的业绩，就必须考虑股票市场和基金管理业的整体动态。基金业绩是一个很有争议性的话题，有可能引发截然对立的观点。一些人认为基金管理的价值很小或者说没有任何价值，而另一些人则认为它是世界上要求最苛刻、最难从事的一项工作，而且投资者有理由为他们享受到的专业服务支付费用。在过去的30年里，由于所有的共同基金均公布了详细的业绩记录，投资者越来越发现，从中长期来看，主动

管理型基金存在一些令人不安的事实。这样的事实令许多初次投资的人很失望,但在学术和专业研究文献中,它们是有明确记录、无可争议的。

这些令人不安的事实包括:

1. 除短期外,大多数主动管理型基金的业绩都不如大盘。超过5年时,大部分基金(通常为60%或更多)不能跑赢大盘指数,例如富时综合指数(这是衡量英国股票型基金业绩时最常用的基准,包括富达特殊情况基金)。

2. 业绩令人失望的一个重要原因是成本的影响(基金供应商收取的管理费和为了跑赢大盘而采取的行动导致的交易成本)。许多情况下,这些成本会超过基金经理人通过出色的选股技能而获得的任何短期好处。

3. 事实上,学术研究还表明,即使不考虑成本,专业的基金经理也难以一直击败市场。这是因为,股市是高度发达和竞争激烈的市场,无论多有才华、消息多灵通的人,都无法持续地做出比市场上绝大多数参与者更为出色的决策。

4. 在较短的时间内,基金业绩主要可归因于基金经理的投资风格和承担风险的意愿。最重要的风格因素是基金投向的公司的规模(小盘股、中盘股或大盘股)和基金青睐的投资方法(价值型方法或成长型方法)。随着时间的推移,投资风格会趋于一致,但在短期内,以当前有利的风格进行投资可能会造成一种假象,使投资者认为基金经理技能高超。

5. 由于股市投资堪称艰难的竞赛,即使基金成功地创造了出色的业绩记录,其优势幅度也小得惊人。去掉成本后,倘若一位基金经理每年的收益率能高出大盘一个百分点,那他就称得上杰出的基金经理了。即使像沃伦·巴菲特和彼得·林奇这样的股市奇才,从长期来看,他们管理的基金的年收益也只比大盘高出几个百分点。

CHAPTER 3 / 评估安东尼·波顿的业绩：他的业绩有多出色，又是如何取得的

鉴于市场上存在可替代的低成本指数基金，要找到能在数年内跑赢大盘（去掉成本之后）的主动管理型基金并非易事。时间因素很重要，因为单位信托基金和OEIC的成本结构通常会使购买它们变得不明智，除非你准备至少持有它们3~5年。由此可得出这一结论：那些已经持续证明了具有非凡能力的选股人自然会受到投资者的高度重视。虽然过去曾跑赢大盘的基金经理未来不一定能跑赢大盘，但许多投资者，无论其决策对与错，都认为他们有这个能力。因此，监管机构要求所有的股票型基金在出售时都要做出这一警示：过去的业绩并不一定代表未来的业绩。

表3-1 英国所有上市公司板块基金的平均业绩vs富时综合指数：不同滚动期收益率的差异

	1年（%）	3年（%）	5年（%）	7年（%）	10年（%）
平均差异	−0.39	−1.10	−2.41	−5.98	−25.69
中值差异	−0.50	−0.43	−2.72	−9.51	−22.63
标准差	3.16	8.00	14.04	19.53	20.27
最大差异	8.88	26.57	57.84	52.48	5.47
最小差异	−9.22	−22.77	−35.36	−38.52	−79.37
期间数	307	283	259	235	199
正收益期间数	125	129	87	70	4
正收益期间比例	40.7%	45.6%	33.6%	29.8%	2.0%

注：负值表示一般股票型基金的收益低于指数。

CHAPTER 3 / 第三章

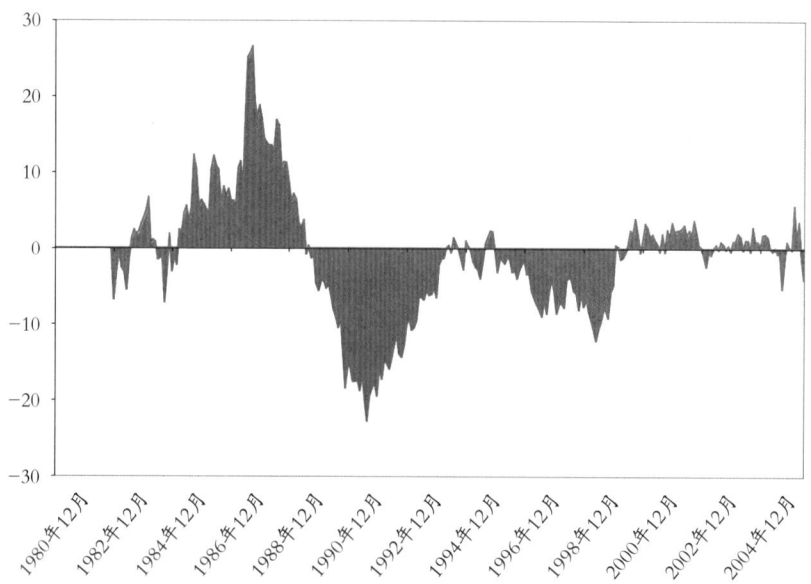

图3-1 主动管理和被动管理的基金：一般股票型基金
与富时综合指数3年滚动收益差异

■ 富达特殊情况基金

从各个方面来看，安东尼·波顿管理的特殊情况基金的业绩记录都非常出色。自发行到2005年底的这26年时间里，该基金的复合年收益率为20.4%，比基准富时综合指数高出了6.6%，也是同期所有零售单位信托基金和OEIC中表现最好的。该基金及基准的年度业绩数据值如表3-2所示。该表还列出了英国所有公司板块中同类基金的均值以及同期的通胀数据。分析还参考了1979~2006年间该基金与同类基金的月度业绩数据。

解释波顿管理该基金非常成功的最简单的说法是，1979年发行该基金时投入1 000英镑的人若一直持有该基金到现在，那么他的资金已超过

12.5万英镑了。① 换句话说,当时投入7 500英镑或者更多资金的人,现在仅凭这笔投资就已成了百万富翁了。相比之下,若投资于富时综合指数,即使算上所有的股息再投资,当年投入的1 000英镑在2005年底也仅能变成28 980英镑,在2006年6月30日变成30 750英镑。就整个股市而言,从1979年12月到2006年6月,要想获得100万英镑的收益,需要在最初投入32 520英镑。在过去的这27年内,波顿的基金产生的收益是英国股市平均收益的4倍以上。这是两大效应的结果:(1)波顿作为基金经理的卓越表现;(2)(同样重要的是)多年内高收益的复合增长。②

表3-2 富达特殊情况基金:年收益率比较

年份	波顿	市场	同类基金	通胀率
1980	58.0%	32.9%	28.2%	15.1%
1981	−1.6%	11.8%	13.3%	12.0%
1982	42.9%	27.0%	25.2%	5.4%
1983	34.6%	27.3%	30.2%	5.3%
1984	27.2%	30.2%	27.2%	4.6%
1985	32.8%	18.6%	22.4%	5.7%
1986	47.8%	25.8%	28.7%	3.7%
1987	28.0%	7.3%	13.5%	3.7%
1988	23.1%	10.2%	7.9%	6.8%
1989	32.5%	34.6%	25.3%	7.8%
1990	−28.8%	−10.9%	−13.8%	9.3%

① 该数据包括3.5%的初次认购费用,但不包括买卖差价,基金份额被出售时才支付这一差价。
② 爱因斯坦称之为"世界第八大奇迹"。年复一年的复利增长会导致资产价值滚雪球似地迅速增加。

(续表)

年份	波顿	市场	同类基金	通胀率
1991	3.1%	19.3%	14.4%	4.5%
1992	26.4%	19.1%	18.3%	2.6%
1993	46.4%	27.3%	28.9%	1.9%
1994	−2.2%	−6.6%	−6.5%	2.9%
1995	23.4%	22.8%	20.9%	3.2%
1996	26.8%	15.7%	16.0%	2.5%
1997	20.1%	23.1%	20.6%	3.6%
1998	−3.2%	13.8%	10.3%	2.7%
1999	39.4%	24.2%	27.1%	1.8%
2000	25.8%	−5.9%	−4.3%	2.9%
2001	3.8%	−13.3%	−13.9%	0.7%
2002	−10.7%	−22.7%	−23.3%	2.9%
2003	33.3%	20.9%	22.1%	2.8%
2004	20.3%	12.8%	12.8%	3.5%
2005	27.7%	22.1%	20.9%	2.2%
均值	22.2%	14.9%	13.7%	4.7%
中值	26.4%	19.1%	18.3%	3.6%
最高值	58.0%	34.6%	30.2%	15.1%
最低值	−28.8%	−22.7%	−23.3%	0.7%

注:"波顿"一栏列出的是富达特殊情况基金的业绩;"市场"栏显示了富时综合指数业绩(假定股息用于再投资);"同类基金"一栏显示了所有公司板块内基金的平均业绩;"通胀率"列出的是零售价格指数的变化(数据来源于WM公司)。

追踪基金收益的另一种方法是绘制基金收益的累计移动平均线,这种方法能平滑收益的年波动率,显示出任何特定日期的累计平均业绩值。包括的时期越多,绘制出的趋势线就越具代表性。第一章的图1-1显示了富达特殊情况基金、富时综合指数和通货膨胀率的累计均值。

■ 不同时期的业绩

当然,在基金发行时就购买了的人中,仅有一小部分人会一直持有到现在。事实上,今天持有基金的投资者中,有一半以上是在过去5年中买入的。对投资者而言,最重要的是,在其持有基金期间,基金的管理者用基金做了什么。一些基金在刚发行时创造了惊人的收益,但随着规模的增长,高收益无法维持,通过主动的管理投资者组合增加价值也变得更加困难,金融史上这样的例子数不胜数。本节分析了富达特殊情况基金过去27年中每1年、3年、5年和10年期的收益,既分析了该基金的业绩,也分析了投资时间各异的不同投资者群体获得的收益。我们很快就能从中发现这一最引人注目的特征:波顿的基金几乎在各个时期都给投资者带来了高于市场的收益。

(1)各时期的收益

由表3-2可知,在27年的历史中,富达特殊情况基金仅在两个年份内(1990年和2002年)表现非常糟糕。这里的糟糕指的是基金缩水幅度超过10%。该基金的年均收益率为22.2%,远远高于富时综合指数和同类基金。由于业绩极为出众,即使在剔除通胀的影响后,其收益率也呈较高的正值,这样的结果并不令人意外。众所周知,实际收益率,即经通胀调整后的收益率,是衡量基金对投资者价值的适宜指标,因为它考虑到了货

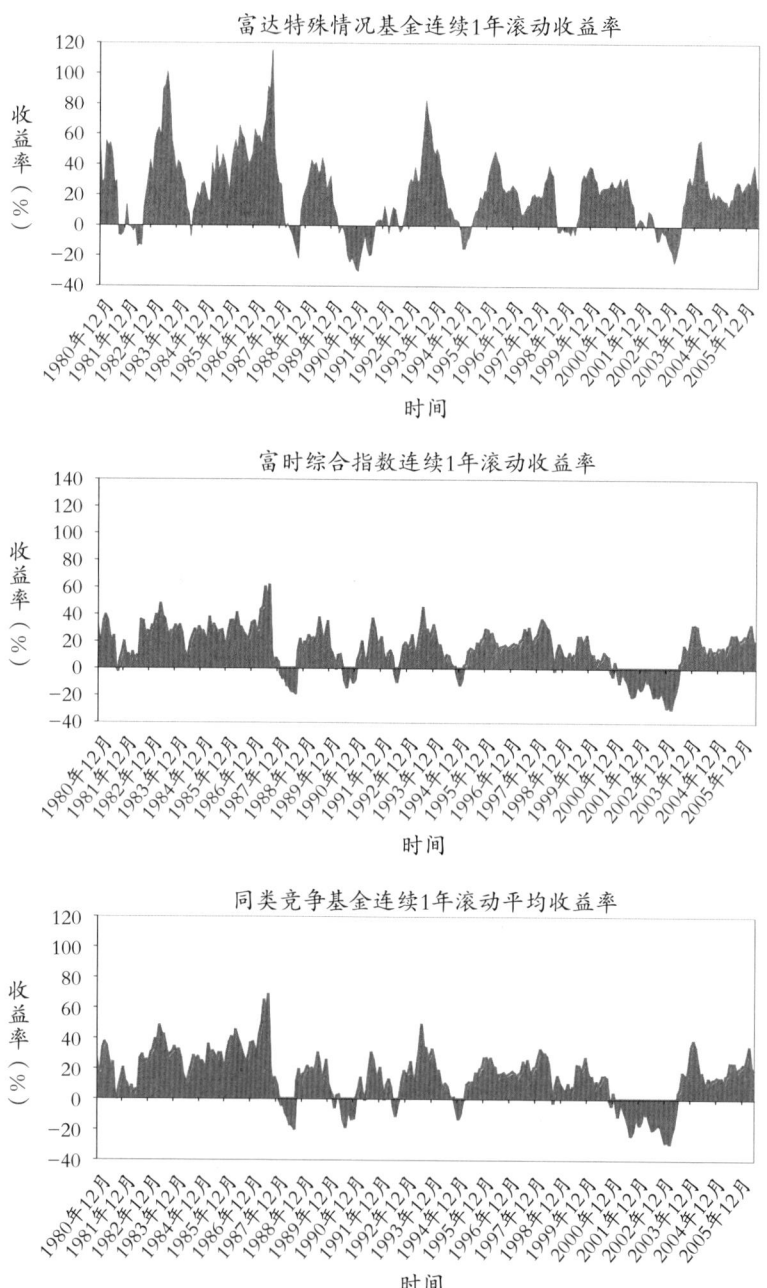

图3-2 基金业绩比较：每12个月滚动收益率（1980年1月~2006年6月）

币购买力的变化。评估基金业绩的另一种常规方法是，计算投资者在各个时期的复合年收益率，附录1列出了自富达特殊情况基金发行后，该基金、同类基金和富时综合指数的复合年收益率。特殊情况基金年化增长率从27.0%（假定在2003年1月投资）到13.9%（假定于1990年12月投资）不等。关键的一点是，不管在过去27年中的哪一年开始投资该基金，投资者今天都获得了正收益。更重要的是，无论在选定时期内的哪一天开始投资，投资者获得的收益都高于富时综合指数。[1]在相反的情况下这一结论也成立，即在该基金推出后，无论投资者选择在哪一年卖出基金，投资者从中获得的收益都比同期的富时综合指数高。

（2）滚动收益

更详细的基金业绩见12个月滚动收益率（即在27.5年中共319个月中连续12个月的基金和市场业绩）。表3-3显示了基金业绩的周期性。与所有传统股票型基金一样，这样的周期性反映了股市自身的波动性。有3个时期基金12个月滚动收益率超过了80%，有几个时期基金12个月滚动收益率大幅下跌至零以下。

采用同样的指标对比富达特殊情况基金和富时综合指数的业绩，很容易看出基金的整体波动性要高于市场。基金的最高1年期收益率往往比市场高出很多，而业绩较差时，其下跌幅度也比市场的大。

按月收益率计算，基金的表现往往与市场一致，即随着市场涨跌。这与标准的金融理论给出的结论一致，即市场本身的变动对任何股票型基金业绩的影响是最大的。在基金发行以后的月份里，基金和富时综合指数在大约2/3的月份里上涨，关键的区别是波顿基金的月均收益率为

---

[1] 值得强调的是，在这些计算中，假定投资都是在每年1月1日完成的。

1.71%，而市场指数的仅为1.19%。

图3-3显示了该基金在27年的历史中较长滚动期的业绩表现。图中的线条描绘的是该基金和市场每3年、5年和10年期的滚动收益。从中可再次看出基金的优异表现。例如，自基金发行以来，有近99%的5年滚动收益率为正，而整个市场的这一比率低于86%。审视绝对收益的规模也很有益。10多年来，无论投资者在哪个月首次投资于基金，投资者都能得到至少100%的收益。有96%的10年滚动收益率超过了200%，而富时综合指数的这一比率仅为66%。平均来看，基金有60%的时间5年滚动收益率超过了100%。

表3-3 基金不同滚动期的收益率

	基金	市场月度	基金	市场季度	基金	市场年度
平均收益率	1.71%	1.19%	5.2%	3.6%	22%	14.5%
最高收益率	18.3%	13.94%	44.1%	20.9%	115.5%	61.2%
最低收益率	−26.8%	−26.5%	−34.4%	−30.1%	−30.0%	−29.8%
收益为正的比例	67.1%	66.5%	72.8%	73.1%	77.9%	82.1%
击败市场的比例	54.5%		59.8%		70.7%	
	3年		5年		10年	
平均收益率	79.0%	49.2%	162.6%	94.6%	444.8%	261.8%
最高收益率	366.1%	176.3%	844.9%	320.8%	1459.1%	642.3%
最低收益率	−28.9%	−39.3%	−17.6%	−28.8%	155.2%	65.0%
收益为正的比例	94.4%	88.0%	98.5%	86.2%	99.5%	99.5%
击败市场的比例	77.8%		68.1%		85.5%	

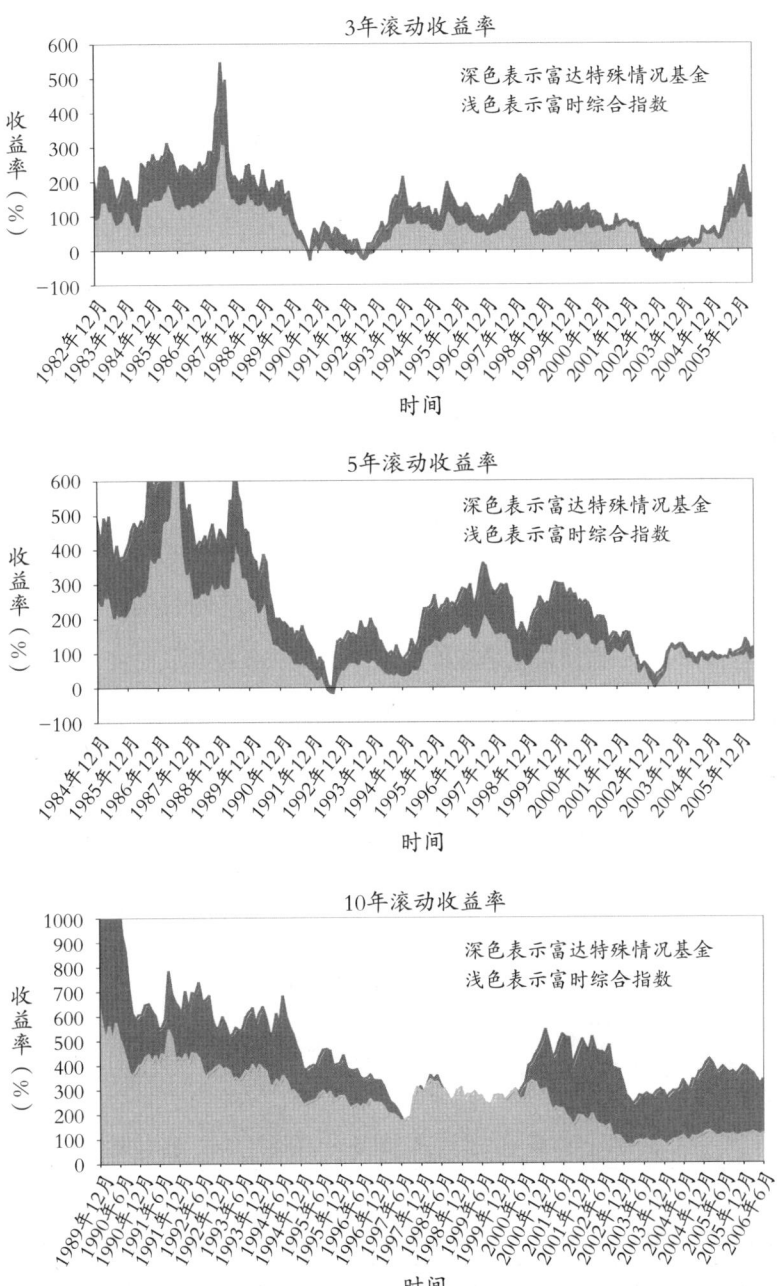

图3-3 对投资者的回报：富达特殊情况基金和富时综合指数的绝对收益

(3)频率及与同类基金的比较

表3-4比较了富达特殊情况基金、市场同类基金收益的频率。从中可以看出，在69%的时间里富达特殊情况基金3年滚动收益率超过了50%，有1/3的时间超过了100%。投资者持有该基金的时间越长，波顿就越能击败市场。同样重要的是，当市场下跌时，富达基金的表现通常不会比富时综合指数差。换句话说，在上涨的月份里，波顿的基金能获得更高的收益，而在下跌月份里，波顿的基金业绩跌幅较小。附录1的相对业绩图凸显出，与富时综合指数相比，基金的相对业绩在各个时期的差异较大。

为了与同类基金进行比较，基金的业绩通常以十分位数（前10%）或四分位数（前25%）来衡量。富达特殊情况基金业绩的一个特点是，虽然在短期内它排名垫底，通常在英国所有公司板块的同类基金中排后10%，但随着时间的延长，它总是能排到前10%。从3年或更长时间的滚动收益率来看，特殊情况基金总是能排到基金业的前10%。富达特殊基金发行后的第一个10年内，其业绩超过市场业绩的差额达到最大。当然，自那以后，在某些时期，该基金的5年和10年滚动收益率落后于整体的市场，但这些都是个例，不具普遍性。

表3-4 业绩差异

出现以下收益率的比例	持有时间							
	3年		5年		7年		10年	
	基金	市场	基金	市场	基金	市场	基金	市场
>50%	69.4%	48.9%	88.8%	74.2%	99.6%	79.3%	99.5%	99.5%
>100%	32.0%	9.2%	60.0%	43.5%	92.8%	73.0%	99.5%	88.0%
>150%	8.1%	1.1%	40.8%	17.7%	69.6%	43.0%	99.5%	74.5%
>200%	2.1%	0.0%	27.3%	7.3%	52.7%	21.9%	96.0%	66.0%

风险分析

正如波顿自己指出的,其基金的风险高于整个市场,收益的波动幅度自然会比较高,这正是他的基金的卖点。基金的实际表现也是如此,它比几乎所有的其他同类基金都承受着更高的"主动风险"。尽管如此,从过去25年来看,基金的波动率(以月度收益的标准差来衡量)仅比富时综合指数高出了约1/5(前者为5.57%,后者为4.65%)。该基金从未靠借入的资金增加收益,尽管其姊妹信托投资基金富达特殊价值基金在其15年的历史中这样做过。运用借入的资金提高收益的基金在市场上涨时会获得更高的收益,但市场下跌时,其损失也更惨重。波顿的单位信托基金没有受到杠杆的影响。

该基金3年以上的最差业绩也比市场指数高一些。这也证实了同事们对波顿的评价:他避免灾难的能力与他挑选赢家股的能力一样强。当一只基金3年或3年以上的最差业绩低于市场时,将其描述为风险较高的基金合理吗?这一问题尚无定论。只有你像一些分析师一样,将风险定义为"跟踪误差",即基金业绩偏离市场业绩的程度时,这只基金才可被称为高风险基金。

表3-5 最低收益率(1980~2006年)

持有期	富达特殊情况基金	富时综合指数
1年	−30.0%	−29.8%
2年	−26.6%	−39.9%
3年	−28.9%	−39.3%
5年	−17.6%	−28.8%
7年	55.4%	4.2%
10年	155.3%	65.0%

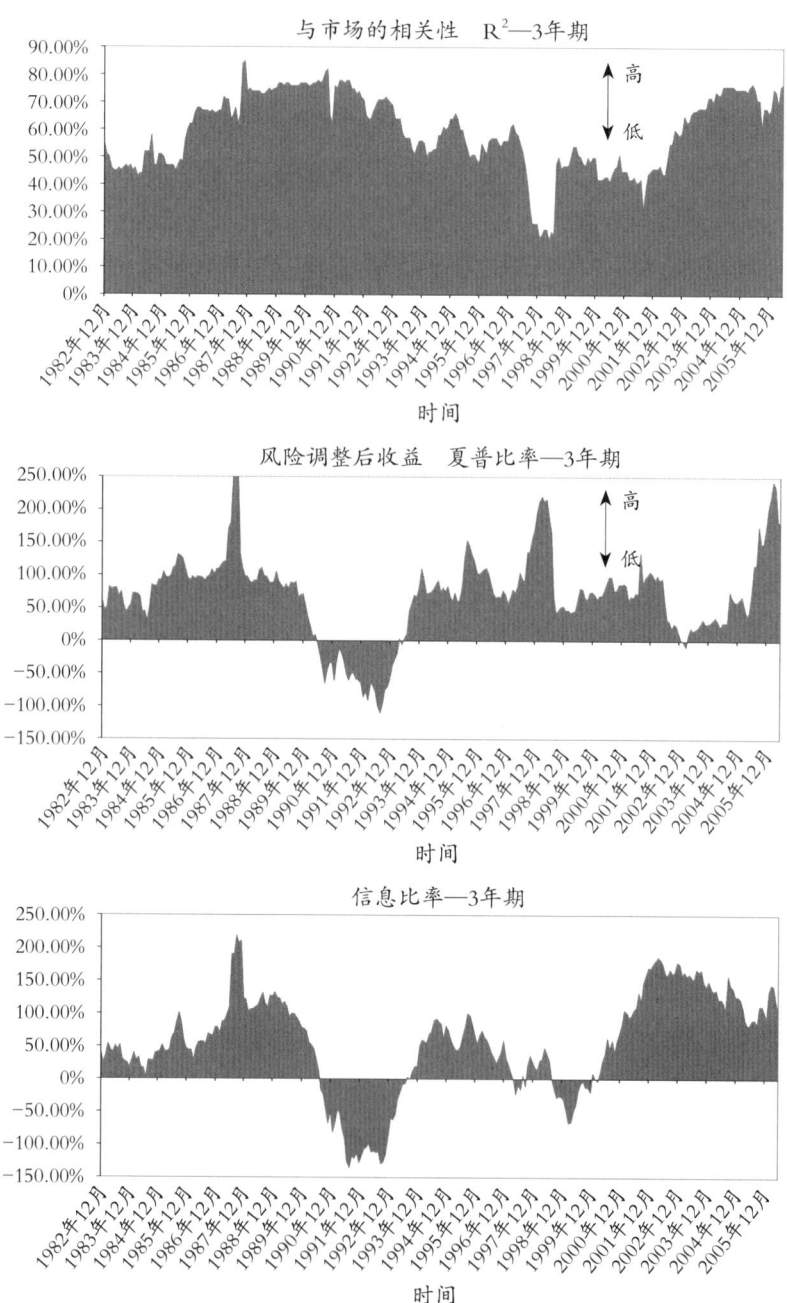

图3-4 风险参数

图3-5来源于投资咨询公司WM。该图显示出波顿基金的跟踪误差在大部分时间里超过了10%，远远高于其所在板块的大多数其他基金。正如WM公司的研究总监阿拉斯泰尔·麦克杜格尔（Alastair MacDougall）指出的，波顿一直坚守发行该基金时的初衷，不随市场大流，不与其他基金机构做雷同的事情。[①] 另一种衡量风险的方法是看基金收益与整个市场收益的相关性。运用回归分析这一先进的统计技术，可以根据基金与富时综合指数的相关性对基金进行排名。图3-4的第一张图显示了各基金的R^2值。富达特殊情况基金在25年的历史中R^2值为0.58，波动范围在0.20~0.85之间。与市场完全相关的基金的R^2值为1.0。与同板块其他基金相比，特殊情况基金的R^2值非常低，这证明波顿是一位真正的逆向投资者。

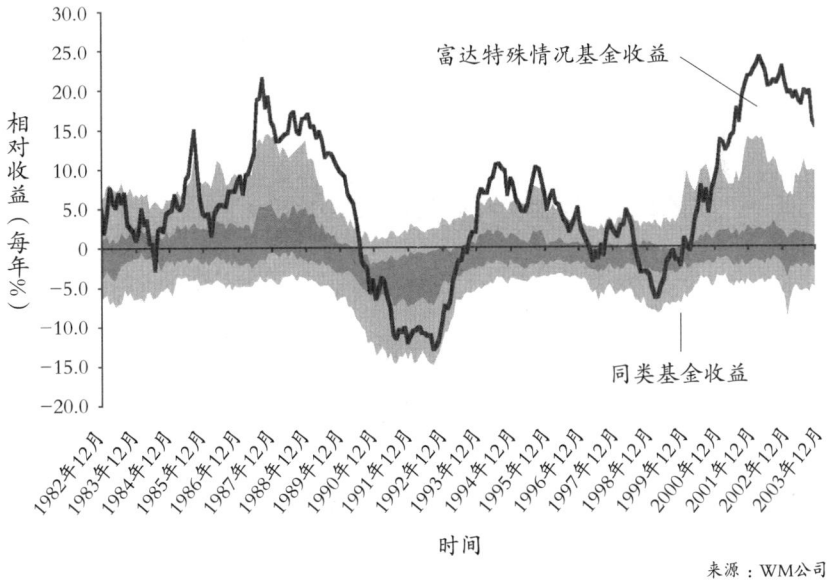

图3-5　富达特殊情况基金与同类基金

① 见附录2中阿拉斯泰尔·麦克杜格尔的完整分析。

用于监测基金风险状况的另两个标准指标是信息比率和夏普比率，后者因诺贝尔经济学奖获得者威廉·夏普（William Sharpe）而得名，是衡量风险调整后收益的常用指标。这两个比率常被用来分析和比较基金相对于市场的风险调整后业绩。两个比率均为正表示基金为顶级基金，但是大多数股票型基金都做不到这一点。从图3-4可知，在安东尼·波顿职业生涯的大部分时间里，他管理的基金的这两个指标都为正值，只有两个时期除外，即1990~1991年经济衰退期和1998~1999年间（仅信息比率为负）。在英国所有公司板块的310只基金中，2000~2003年熊市期间夏普比率为正的仅有9只，富达特殊情况基金就是其中之一。

当信息比率在几年之内保持正值时，许多分析师会将其视为最可靠的统计指标，他们认为基金业绩是基金经理技能的结果，而不是只靠运气得来的。当信息比率超过0.5时，基金就会得到特别关注。在英国，鲜有基金经理能像波顿一样在过去的27年中获得如此高的信息比率正值（均值为

表3-6 基金的排名和信息比率（1980~2003年）

年份	排名位于第几个四分位	排名	年份	信息比率
1980~1982	1	5/58	1980~1982	0.27
1983~1985	1	8/58	1983~1985	0.33
1986~1988	1	1/94	1986~1988	1.42
1989~1991	4	87/94	1989~1991	−1.15
1992~1994	1	3/154	1992~1994	0.82
1995~1997	1	12/154	1995~1997	0.25
1998~2000	1	10/128	1998~2000	0.71
2001~2003	1	2/128	2001~2003	1.40

来源：WM公司

0.63，中值为0.71）。这些数字证明了这一事实：波顿的声望建立在可靠的统计基础之上。

■ 投资风格分析

许多职业顾问也喜欢分析一只基金相对于一个或多个"风格指数"的业绩。这么做背后的逻辑是，在中短期内，基金业绩良好是因为其投资风格的业绩良好。例如，一只专注于购买小盘股的基金，当小盘股作为一个整体表现优异时，这只基金的业绩通常会优于整个市场，反之亦然。在这种情况下，基金经理并没有运用什么特殊技能，尽管这并不能阻止他们的雇主认为相反的情形也是如此。另一些时候，当价值投资风格受青睐时，喜欢购买"价值股"的基金经理的业绩就会比较好，反之亦然。随着时间的推移，这些风格偏好会逐渐消失，持续遵循一种特定风格的基金不可能在长期内产生高于市场指数的业绩。因此，风格分析师要做的是，消除基金经理投资风格的影响，识别除了恰当的地点和时间之外的业绩影响因素。

他们通常不会将基金的业绩与一般的市场指数，如富时综合指数进行对比，而是与反映不同风格群体的指数（如小盘股和大盘股、价值股和成长股等）进行对比。对于如富达特殊情况基金这样的股票型基金而言，基金实际的业绩和利用风格偏好获得的预期业绩之间的差异可被视为基金经理技能的反映。这一方法的详细解释请参见附录2，我们参考了英国最大的基金经纪公司哈格里夫斯·兰斯多恩公司（Hargreaves Lansdown）的研究。该公司的研究结果证实，安东尼·波顿的成功不能只归功于风格效应。图3-6比较了基金的业绩与其偏向的中小盘股的预期业绩。从中可以明确看出，自1990年以来，即自哈格里夫斯·兰斯多恩公司数据中出现的最早年份以来，富达特殊情况基金获得的优越业绩都源于波顿的选股能力，而非基金投向业绩优于市场的板块。①

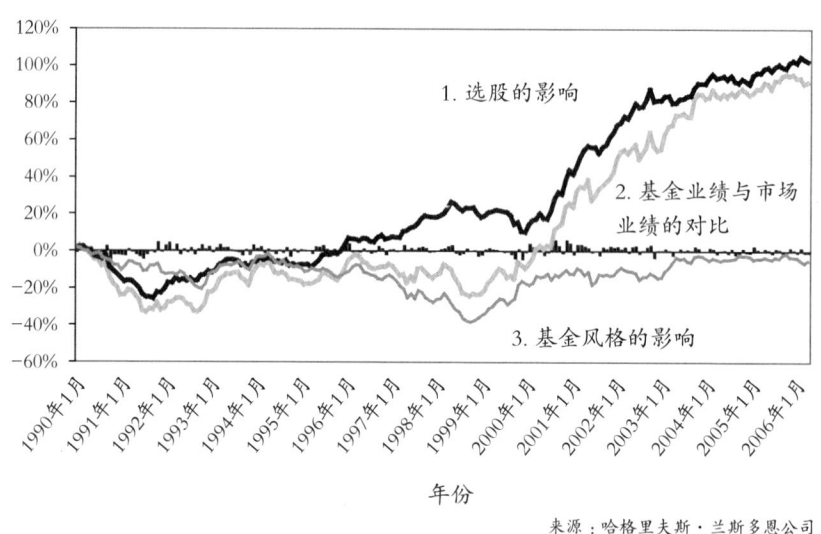

图3-6 选股能力是成功的关键

就其本质而言，特殊情况基金主要投资于股市中的中小盘股，因此，不仅要把其业绩与作为官方基准的富时综合指数进行比较，还要与跟踪市场细分板块业绩的指标进行比较，这是很合理的做法。图3-7显示了基金的收益与富时250指数（FTSE 250 Index）的比较情况，该指数涵盖了综合指数中的中盘股。这些公司的市值不够高，因此不能保证被纳入富时100指数（FTSE 100 Index）（涵盖了英国规模最大的上市公司）中，但它们是股市中的第二档。从图中可以看出，基金的收益变化紧紧跟随富

---

① 全面的分析见附录2。

时250指数。分析两个系列的12个月滚动收益率可知，自1986年以来，富时250指数平均每年比富时综合指数高出了2.8个百分点，同期富达特殊情况基金的年均收益率比富时250指数高出了4.3%。这表明，该基金的规模偏好对其相对业绩发挥了一定作用，但并非主要原因。

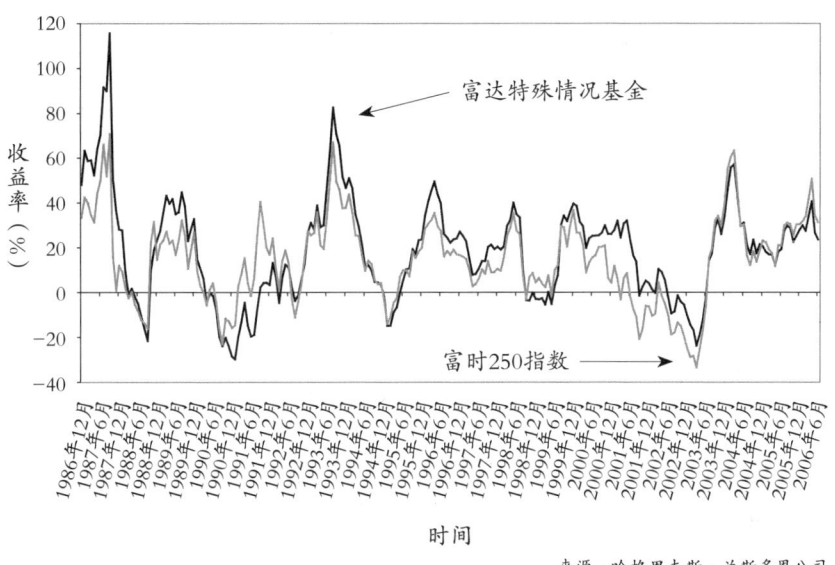

图3-7　基金与富时250指数1年滚动收益

■ **欧洲基金的业绩**

表3-7显示了安东尼·波顿担任经理期间（1985年11月~2002年12月）富达欧洲基金的收益。图3-8显示的是该基金与基准MSCI欧洲（英国除外）指数相比的3年滚动收益，从中可以看出该基金的业绩强劲而稳健。在大多数时间里，该基金的收益趋势与英国基金的收益趋势一致，这反映出两只基金的管理风格大致相似。需要注意这几点：1990年该基金的

收益大幅下滑；收益率超过50%的年份数（反映出早期对欧洲股市的研究是何等的不充分）；20世纪90年代，即全球股市最繁荣的时候，该基金长期获得了两位数的收益率；2001~2002年的熊市期间，该基金出现了相对的反弹。

表3-7 富达欧洲基金在安东尼·波顿管理期间的业绩（历年数据）

年份	富达欧洲基金	MSCI欧洲指数（英国除外）	收益差距
1985	20.6%	19.3%	1.3%
1986	72.8%	40.7%	32.1%
1987	-7.9%	-29.8%	21.9%
1988	62.8%	31.5%	31.3%
1989	56.4%	38.2%	18.2%
1990	-23.9%	-21.1%	-2.8%
1991	8.2%	19.3%	-11.1%
1992	8.6%	15.2%	-6.6%
1993	61.7%	36.5%	25.2%
1994	-5.7%	-6.5%	0.8%
1995	29.2%	30.1%	-0.9%
1996	22.6%	12.4%	10.2%
1997	22.1%	24.4%	-2.3%
1998	23.5%	27.3%	-3.8%
1999	27.0%	12.2%	14.9%
2000	20.3%	10.5%	9.8%
2001	-10.9%	-24.9%	14.0%
2002	-6.3%	-27.9%	21.5%

注：1985年为两个月，2002年为11个月。

CHAPTER 3 / 评估安东尼·波顿的业绩：他的业绩有多出色，又是如何取得的

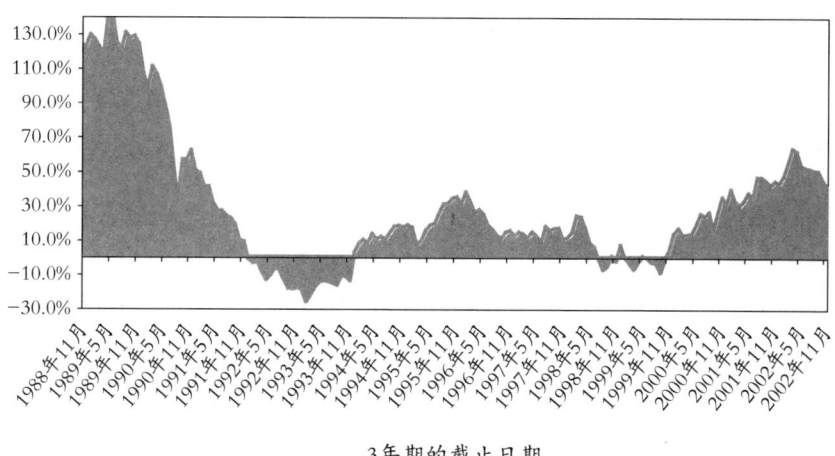

3年期的截止日期

图3-8 在欧洲的相对业绩：富达欧洲基金与基准的3年滚动收益率

■ 业绩总结

从上述分析中可看出以下几个要点：

● 从绝对值来看，基金的收益率自发行以来下降了，这在一定程度上反映出，该基金在发行后的第一个10年内获得了较高的收益，但随着基金规模的日益增大，收益率有所下降。但也反映了通胀率下降的影响，这是过去25年里最明显的长期经济趋势。随着时间的推移，当通胀率和利率降低时，股市的名义收益率必然也会随之下降。

● 尽管如此，与整个股市相比，该基金在长期内仍然取得了优异的业绩。剔除通胀因素后其实际收益率高于整个市场。事实上，由于该基金在熊市期间仍表现良好，波顿在过去几年里领先于市

- 该基金经受了各种市场条件的考验。从绝对值来看，其处境最艰难的时期是1990~1991年的经济衰退期。从1989年8月的顶峰到1991年1月的低谷，该基金的价值缩水了33.3%。在27年的历史中，该基金曾经历过7个价值缩水的年份，但只有2年的缩水幅度超过了10%。

- 相对来看，该基金也有业绩落后于整体市场的时期，其中最明显的是20世纪90年代中后期。当时牛市达到了顶峰，投资者对大公司股票（波顿极少投资）的需求远远高于对波顿青睐的中小公司股票的需求。

- 对基金月度收益的详细分析表明，其成功率（盈利月份的数量与亏损月份的数量之比）与同类基金的大致相同。关键的区别在于，在收益为正的月份里，该基金的业绩要高于同类基金和市场，而在下跌月份里，该基金的业绩并不比同类基金和市场的差。

- 在10年的持有期内，无论投资者选择在哪个月份投入基金，他10年中获得的回报不会低于150%。自1979年发行以来，该基金的业绩只在两个120个月期内低于整个股市，且仅有一次历时超过3个月的业绩不佳时期，出现在1990~1991年的经济严重衰退期间。

从上述分析中可得出这一结论：历史上买入基金的最佳时机出现在基金经历了一段时间的糟糕业绩之后，最差的时间点是基金经历了一段时间的优异业绩之后。这一点对所有杰出的基金经理都适用，实际上是一般股市的典型模式。然而值得注意的是，大多数投资者是反其道而行之，即基金业绩好时买入，而业绩相对较差时避之不及。

CHAPTER 3 / 评估安东尼·波顿的业绩:他的业绩有多出色,又是如何取得的 ●

■ 对业绩的解释

对于关注投资业动态的人来说,从上述数据中得到的信息是明确的。有三点特别值得注意:富达特殊情况基金业绩的一贯性;波顿同时在两个重要的市场上(英国和欧洲大陆)开创了可比较的记录;尽管麾下基金的规模已经如此庞大,但波顿仍然维持了不逊色于零售基金业内其他基金的记录。如何解释如此骄人的成绩呢?投资者能从他的成功中汲取哪些经验呢?在本章剩余部分中,我们将从不同的视角来解答这些问题,包括与波顿密切合作过的人的看法。

波顿首先承认,他管理基金的时期恰恰是股票投资特别有利的时期,他因此从中获益良多。1982~2000年间,在强有力的反通胀政策推动下,持久而强劲的牛市出现了,这毫无疑问是20世纪持有股票的最佳时期。在这18年里,股市的年化收益率(实际年收益率为11%)要比长期的历史均值高出50%。对基金经理而言,这显然是不寻常的时期,如果说有开创选股事业的最佳时机的话,那么20世纪80年代初正是这样的时机。牛市为波顿这样主动寻求风险的基金经理创造了有利的环境。

我们现在也知道,在富达这家世界一流的基金管理公司向欧洲推广业务时,波顿幸运地加入了它。正如我们所看到的,当时没有人能预料到富达后来所取得的巨大成功。在27年里,富达从籍籍无名的小公司成长为英国单位信托基金和OEIC业的领头羊,其零售额占英国市场份额的8%。事实证明,要开启选股业务,没有比当时更适合、更有利的环境了。作为一家私营企业,富达唯一的业务是基金管理,它基本上能避免内部

● CHAPTER 3 / 第三章

的争斗和所有权的多次变更，这在其他企业是困扰基金经理的大问题。①

波顿自己承认，富达的经营方式及在研究基础上进行股权投资的核心业务非常适合他。波顿在富达的第一任老板理查德·廷伯莱克管理着一只基金，因此经常与重要的基金管理团队接触。他说："投资人员在富达得到了很好的保护，他们不必从事营销或行政管理工作。绝大多数其他企业的基金经理都要花大量的时间进行营销，还要承担自身涉及的管理和客服任务。如果你能把投资、IT与管理和营销这三个要素分开，那么你就可以找到最擅长各个领域的团队，让他们各自处理相应的事务，这样，你就有更多的机会打造一个优秀的组织。近年来，安东尼得到了优秀分析师的大力支持，我认为他善于从分析师那里得到他想要的东西。"

据富达国际副总裁巴里·贝特曼称，该公司刻意对基金经理们投入选股之外的非核心任务的时间做了严格的限制。富达内部的规定是，基金经理每年的营销活动不得超过一周，尽管他们并不一定能真正严格地遵守这一规定。波顿一直孜孜不倦地联系客户和顾问，向他们解释基金的业绩背景，特别是基金业绩不如平常时。贝特曼说："大多数基金经理在业绩不佳时会选择躲避，一直到业绩有所改善，但安东尼不是这样的，他总是尽力与客户和顾问保持联系。"

波顿管理资金时恰恰遇上了牛市，而且幸运地遇上了一位全力支持他的雇主，但这些不能完全解释他在市场周期的不同阶段击败市场的原因。事实上，在2000年牛市结束之后的大熊市期间，他也能大幅跑赢市场，这证明他的工作方法中似乎比其他基金经理多了一些东西。虽然他也经

---

① 美国资本国际集团（Capital International）被普遍认为是最成功的现代基金管理集团之一，也是一家具有强大的内部文化、核心的基金管理业务不受干扰的私营公司，这可能不是巧合。

历过业绩惨淡的时期,有些还持续了18个月甚至更久,但持有他管理的基金时间越长,收益就越高越稳定。事实上,在过去的27年中买入特殊情况基金的投资者,倘若能坚持持有7年或更长时间的话,没有一个不跑赢市场的。从统计意义上说,这是非常了不起的成就。

■ 其他人对波顿的评价

波顿的基金经理生涯何以如此成功?听听多年来与波顿密切共事的人是怎么说的,很有益处。与我交谈过的每个人都提到了他工作有多卖力,有多严以律己。在波顿身边工作了20多年的莎莉·沃尔登(Sally Walden)说,波顿对时间的管理非常严格,"他不是那种在咖啡机旁聊天的人。他竭力确保他的任何工作时间都不被浪费。他对人从来都很友善,当他想得到什么时,他总是有办法让你知道,而且是以让你着迷的方式"。格雷厄姆·克拉普于2003年接手了离岸欧洲基金的管理工作,他与其他几位同事一样,对波顿一上火车或飞机就埋首于厚厚的研究笔记这一工作方式惊叹不已。

基于多年与基金经理共事的经验,廷伯莱克表示,波顿成功的关键是,他具有洞察和解读市场对股票预期的非凡能力。"在我看来,要理解波顿的投资方法,最重要的一点是记住他是左右脑皆发达的人。优秀的基金经理并不总是数学一流的人或精明的会计师或精算师,他们通常是业绩较差的基金经理。了解群体心理更为重要,这是创造性的技能。群体心理学的专业学位要比会计师或经济学家重要得多。左右脑都发达的人,如安东尼,正是你需要的人。他不仅左右脑都发达,还了解市场和群体心理。他能从新的视角理解其他人的行为。"

CHAPTER 3 / 第三章

富达特殊价值投资信托基金主席亚历克斯·哈蒙德-钱伯斯对此表示赞同。他认为,波顿"最神奇的一项技能是,他知道股市上的打折股票。看到一只股票后能马上了解市场对其看法的人并不多,但人们都认为自己能做到。若在2000年3月份询问人们市场对沃达丰的看法,有90%的人会答错。但是,市场对一家公司的看法如何,安东尼可以本能地从其股价中看出端倪来,而且,结合直觉和经验,他能确定市场是对还是错。倘若答案是否定的,买入机会就来了"。

西蒙·弗雷泽(Simon Fraser)与波顿共事了20余年,近来被任命为富达的首席投资官。他表示,波顿对企业价值有敏锐的意识,他不仅仅关注市场,而且关注潜在的交易和私募股权投资者,这增强了他买入不受关注的股票的信心。弗雷泽说:"他乐意购买他人不愿意触碰的缺乏流动性的股票,因为出于天生的价值意识,他知道总有一天会有人竞相购买它们。"波顿成功地找到了以后会被接管的股票,这些事实证明弗雷泽所言非虚。1999年是特殊的一年,他投资的30家公司成为了被收购的对象。弗雷泽补充说,波顿不但有发现机会的独特天赋,而且非常勇敢和果断,能及时依直觉行事。"最后,投资要成功,投资者就要比市场上的其他人看得更透彻,并且能比其他人先一步开展行动。安东尼有能力这样做,他不是只想想或说说就止步不前了。"

然而,莎莉·沃尔登说,波顿最重要的特点是意志坚定,毫不妥协。她认为,波顿是聪慧到骨子里的人。"他是一个很难被看透的人。他说的话听起来很简单,甚至过于简单。坦白说,说得比波顿好的基金经理大有人在,但做得比波顿好的几乎没有。安东尼遇事非常冷静。无论发生什么,他都会继续处理他的下一项任务。在我看来,今天的他毫无疑问比15年前的他更优秀,更称得上优秀的基金经理。"

巴里·贝特曼也给出了同样的评价。贝特曼认为，尽管波顿取得成功并非偶然，但他对富达国际的成功做出的贡献更容易被忽视，尤其是他创立了公司的运营风格。"除了业绩优异之外，他还是一个待人友善、喜欢安静、行事低调的人，这为整个公司的投资运营奠定了基调。让我们面对现实吧！许多所谓的'明星'基金经理都不通情理、难以管理。我们没有遇到这样的问题，很大程度上是因为安东尼树立了好榜样，我们其他人都不得不遵循同样的风格。我们的基金经理通常都易于管理，与团队相处融洽，而且非常支持公司。这在很大程度上得益于安东尼的榜样作用，他让我们产生了巨大的变化。"

贝特曼说，波顿利用富达为顶级基金经理提供的资源所取得的成功令他印象深刻。"例如，我们是首批将投资研讨会职业化的企业之一。如果你打算进行路演，那么我们认为你必须做好，使其成为行业最佳。真正的成本是时间。安东尼年复一年地进行路演，不仅在英国，还在欧洲、中国台湾、澳大利亚路演。他的坚持有助于提升基金和他的声誉。"波顿早期做的另一件事是，投入大量时间与组织的其他部门合作。贝特曼说："例如，我们有一个庞大的电话销售业务部门，波顿比其他基金经理更频繁地去找电话销售代表谈论他的基金。他总是和他们一起讨论，告诉他们自己正在做什么。他是在我们的视线中出现频率最高的基金经理。他全身心致力于富达的发展，忠诚于这里的员工。他的做法对公司有利，对他本人也有利，因为人们会更加了解他，并给予他更多的支持。"这一点在1990~1991年间表现得最为明显，当时波顿管理的基金业绩较差，面临着大量赎回的威胁。

● CHAPTER 3 / 第三章

伟大的投资者需具备的素质

彼得·杰弗里斯（Peter Jeffreys）早年在富达与波顿共事，后与廷伯莱克一起创立了基金研究公司（Fund Research）。他坚信波顿是英国基金管理业内真正称得上"投资大师"的少数几人之一。"优秀的基金经理有许多共同的特点，明显的包括知识渊博、技能娴熟、热情、乐于奉献和热爱工作。但伟大的基金经理还具备另外一些素质，它们不太好界定，却能将伟大的基金经理与一般的基金经理区分开来。"波顿与富达在美国最著名的基金经理彼得·林奇有一些共同点，杰弗里斯认为波顿可与林奇相媲美。"我认为，他们最重要的共同点是都很有主见。与安东尼共事过的人都知道，他具有首屈一指的独立思维。研究一家公司时，他会利用尽可能广泛的事实和观点，但最终的分析将完全取决于他对形势、公司未来前景或股票估值的判断。他不会被时尚或潮流或当前的市场观点所左右。"但与许多同事相比，波顿不只参考富达内部的研究观点，还喜欢借鉴外部观点。

亚历克斯·哈蒙德-钱伯斯出任富达特殊价值基金主席后不久就对波顿的业绩进行了分析。他表示，可用类比法来形容优秀的基金经理。"爱丁堡投资公司艾禾里-森姆公司（Ivory & Sime）的创建人和领路人吉米·伽默尔（Jimmy Gammell）总是说，最佳的类比就是航行。假如你要从A地航行到B地，你不一定总是走直线。在航行途中，你时而逆风驾驶，时而顺风驾驶，时而横风驾驶。有时，由于狂风大作，你不得不收起一两面帆。换句话说，你必须根据实际条件调整船帆和航向。有投资头脑的人会驾驭得很好，安东尼即是如此。我认为他是非常出色的掌舵人。"

约翰·查德菲尔德-罗伯茨（John Chatfeild-Roberts）在富达的竞争

对手木星资产管理公司（Jupiter Asset Management）任职，他成功地管理着一只投资于基金的基金，多年来，他一直对富达特殊情况基金进行投资。根据他的说法，波顿是罕见的"全能型"基金经理。在寻找最优秀的基金经理时，查德菲尔德-罗伯茨和他的团队看重的是"努力工作的能力和意愿，发现时机并快速果断行事的能力以及高瞻远瞩的想象力"。波顿在这三个方面的评分都很高，"波顿乘火车回家时会阅读研究资料，在到站之前，他会把阅读完的资料丢入垃圾桶，20年前是如此，今天依旧如此。说到机遇，这些年来它一直是波顿投资组合的主题。最近的一个范例是波顿对劳埃德保险公司（Lloyd's Insurance）的投资，很多人不相信这家公司，而相信的人在获得全部好处之前已过早地出售了其股票。说到想象力，波顿自20世纪90年代早期就开始长期持有诺基亚的股票足以说明一切。当时移动手机如同砖块，大多数人（包括我自己）都看走了眼，认为永远不会被这东西打扰，但现在呢？没有手机会是什么状况呢？上述的任何一种能力都能造就一位优秀的基金经理，但三种能力结合在一起能造就一位伟大的基金经理。"

查德菲尔德-罗伯茨还推测，也许还与波顿喜欢在业余时间进行音乐创作的事实有关系。"研究发现，给子宫里的胎儿播放古典音乐能刺激负责音乐和数学技能的大脑部分。传闻的证据也显示，音乐和数学之间存在强大的联系。据报道，在牛津大学，数学系的学生临近期末考试时喜欢听巴赫的音乐。在公司的财务统计中可能出现一些数字模式，波顿会本能地关注这些模式，这可能是他的一个优势。"波顿本人已经表示，他打算在2007年底退休后投入更多的时间听音乐和搞创作。读者可从本书附录的波顿喜欢的音乐清单中判断出音乐在其生活中的重要性。

哈蒙德-钱伯斯补充道："深思熟虑和与众不同的思维能力比其他因

素更能使安东尼发现股票的价值。我注意到，他经历的失败出奇地少。他没经历过彻底的失败，也没有犯过不可挽回的大错。我认为这在一定程度上是因为他非常重视价值，因此买入的许多股票没有大幅下跌过。他从不追逐热门股。人非圣贤，孰能无过？他肯定也犯过错，但我们应该看看他的收益/损失比（gains/losses ratio）。我们通常会认为，一位非常优秀的投资组合经理持有的10只股票中，若有6只盈利，2只亏损，2只实现盈亏平衡，那么这样的投资组合肯定足以产生很高的收益。安东尼做得比这还要好，特别是他亏损的股票非常少。"前面的数据显示，其基金亏损的月份超过整个市场的次数很少，这证实了上述论断的正确性。

这种方法同样也适用于那些靠出售基金谋生的人。股票经纪公司哈格里夫斯·兰斯多恩总部位于布里斯托尔（Bristol），是股票经纪行业的龙头老大。该公司的研究部总监马克·丹皮尔（Mark Dampier）说，波顿虽然很自信，但并不狂妄自大，后者常令基金经理一败涂地。"他的管理风格很难精确描述，但他真正的才能似乎是以截然不同的方式看待整个股市。换句话说，他相信自己而非别人的估值技能。"他的投资过程，即寻找被市场忽视的廉价股，并不复杂。"虽然这种风格在特定的股市周期中已经过时，特别是经济陷入衰退时，但当经济复苏时，这种风格的威力就会显现出来，而且可弥补之前的任何损失。投资者可能忘记了，1987年股市崩盘之后和20世纪90年代早期的经济衰退期间，波顿的业绩比较糟糕。为了利用他的基金赚钱，你必须保持耐心并支持他渡过难关。如果你这么做了，他会给你足够多的回报。"

波顿的成就有多大

要排除各种思想的干扰，评估波顿取得的成就到底有多大，就应明确一点：在过去29年的岁月里，处在同样的岗位或者说管理同类基金的经理中，在退休前能取得波顿如此骄人成就的人是何等稀少。仅凭他长期坚守基金管理工作这一点，就足以使他在任何长期业绩的比较中脱颖而出了。值得注意的是，他从未想过为获得更高的收入而离开富达，尽管对他抛出橄榄枝的企业不在少数。他本人和同事的话均证实，波顿喜欢运营一只成功的零售基金带来的自由。他一直不太喜欢管理机构的资金，例如养老基金。管理这类基金时，顾问或其他人总是"猜测"基金经理做出的决策，这会干扰他们的工作，引起他们的不满。与所有出色的基金经理一样，波顿忠于自己的工作，严格遵守纪律，因而外部监督显得没有什么必要。

同样重要的是，波顿展现出了比同行更长久地坚持同一工作的毅力和决心。尽管有许多基金经理在5年甚至10年的时间里获得了较好的业绩，但他们发现这一行的压力太大，因而转入了其他压力较小的行业或者进入了管理层。[①] 相比之下，波顿在富达工作了27年，其中管理英国和欧洲基金的时间长达17年，他一直坚持到了最后。尽管他在几年前将欧洲基金的管理权移交给了他人，这部分是为了节约四处奔波的时间，但他的持久影响力仍不容小觑。虽是老生常谈，但我们还是要说，作为一名基金经理，要取得出色的长期业绩，首先就必须坚持下去，波顿正是这么做的。

---

① "进入了管理层"是富达首席投资官西蒙·弗雷泽说的。

正如业绩分析章节中所引用的专业分析所表明的那样,无论以哪种方式分析数据,都难以将其业绩归因于风险和风格效应。波顿的基金总是承受着顾问们所称的大量的"主动风险"。其基金业绩与股市指数的相关性一直很低。与其他人相比,波顿的投资组合与富时综合指数的差异更大。这是他有意识地决策的结果,因为波顿对个股价值的判断与其他人不同,因此从一开始就要为其判断承担风险。从狭义来看,"主动风险"有助于解释其基金能获得高于市场和同行的收益的原因。但仅凭逆市场而行这一点不足以说明他的成功:如果说彻底的逆向投资能保证获得卓越业绩的话,那么行业中的其他人肯定也都会这么做。他们不这么做的原因是,做出正确的逆向投资非常困难。在基金管理业中,冒大量主动风险的结果通常不是业绩更出色,而是更惨淡。

当然,他的基金投资风格可以解释某些时期的出色业绩。特别是自2000年熊市结束以来,有明显的证据表明,像波顿这样的价值投资者比其他类型的投资者更能得到市场的奖励,这也是他的业绩如此优秀的一个原因,就像20世纪90年代后期他不太关注大盘股、不会为过度膨胀的网络股支付荒谬的价格解释了他那段时期业绩低于市场的原因一样。但"风格分析"无法解释的是,波顿何以在管理特殊情况基金的整个时期内创造出了如此卓越的业绩,其5年滚动收益和7年滚动收益均非常高。正如上一节的分析所显示的那样,随着时间的推移,投资风格的差异往往会相互抵消,因此,从长远来看,他的优异成绩源于他的选股能力而非基金风格。

▪ 成为逆向投资者的重要性

波顿的投资理念是,只要存在特价股,无论它们会对其投资风格产生何种影响,他都会投资。他的主要目标是确保他不只买入当时其他人青睐的股票。很明显,这种逆向投资方法是他成功的一大关键,然而对于那些将"风险"定义为基金持股对市场偏离程度的人而言,只能得出波顿的方法会承受无法容忍的风险这一结论。沃伦·巴菲特和波顿本人对此的反驳是,这是价值投资者长期以来的常识性做法。他们认为,投资者将投资组合风险降至最低程度的方法是:(1)买入多种股票实现组合多元化;(2)只买绝对价格便宜的股票。以低于价值的价格购买东西怎么会比不看价格购买所有人都买的东西更冒险呢?这无论从逻辑还是直觉上都说不通。

数据也表明:波顿的选股失败率要低于他同时代的许多人,他的基金的最大跌幅——股市低迷时期他的基金经历的最严重的峰谷下跌幅度要小于整体的市场。若其基金承受的风险更大的话,其下跌幅度应该更大才对。根据统计分析结果,如果他的基金比市场更具波动性,这只能说明学界的波动率指标并不能充分反映投资环境中的实际风险。鉴于基金管理业的整体业绩在长期内无法优于市场,因此,当出现例外时,我们显然应该寻求其他解释。但尝试以风险来解释波顿基金的成功是愚蠢之举,因为这种解释会将其成功都归因于好运和时机,可证据并不支持这样的结论。

那么,波顿的成功似乎是一些不可估量的因素造就的。努力工作和热爱自己的职业是他明显具备的两大特质,尽管这两点令人钦佩,但他的很多竞争对手也都具备这些特质。它们是波顿成功的必要条件,但显

● CHAPTER 3 / 第三章

然不足以解释他的成功。富达的分析师团队提供的支持显然是重要的因素，而且显然对运营特殊情况基金这样的大规模基金至关重要。倘若没有富达提供的资源，波顿显然不可能取得如此成就。然而，这也不是全部的答案，富达的其他基金经理也享用与波顿一样的资源，但他们并没有取得这样的成就。对波顿而言，比众多可用的资源更重要的因素可能是，他能够塑造他的支持团队，能让他们在他需要的时候、以他需要的形式准确地提供信息。

"安东尼·波顿具有首屈一指的独立思考能力。"

最关键的是，富达的老板愿意给他自由，能让他长期以独特的方式进行投资，能做到这一点的公司很少。持续以不同于市场的方式投资在某些时候必然会产生糟糕的业绩；经验表明，投资领域内所有大企业都不喜欢与同行做得相差太远。投资行业内的许多巨头，如巴菲特、邓普顿（Templeton）和索罗斯，本质上都是逆向投资者，这可能并非巧合。只要他们认为正确的事情，他们就可以去做，没有来自公司的限制，不受管理委员会的干扰。这也是最出色的基金经理通常在最后建立自己的基金管理公司或咨询公司的原因。波顿所在的企业能为基金经理提供最充分的支持，而且波顿本人在这家公司的伦敦办事处创立之初就被任命为基金经理，他在25年的时间里塑造了公司在英国运营的风格和方法，这可能与波顿的出色业绩不无关系。也正因如此，他更能经受住离开富达、自己创业的诱惑。正如他在接班人计划中发挥的作用一样，由于他是富达的摇钱树，他对如何以商业模式发展自己管理的基金有很大的发言权。

然而，主动的基金管理业最终也难逃这一定律：这个行业有点像职业高尔夫比赛，即使平庸的基金经理也能获得丰厚的回报，但真正的王者，即能够提高收益水平且多年保持较高收益的人，却少之又少。击败市场绝非易事，任何试图登顶的基金经理每天都在与业内最聪明、受过最高水平的教育和最能激励自我的人进行竞争。在这个行业，要想维持长期的成功，你必须具备非凡的才能，遭遇一些个人挑战也是在所难免的。虽然波顿行事低调，但显然他具有追求逆向投资风格的理想气质：他兢兢业业，不屈不挠，深思熟虑，还有些痴迷于工作。年复一年地与同行业中的其他人持不同的看法需要勇气和献身精神。作家约翰·特雷恩对当代成功的职业投资者进行过深入的研究，他说："虽然职业投资者有时可通过一次成功的投资而一夜暴富，但职业投资组合领域的投资就像参加国际象棋比赛，没有任何运气可言。它需要精湛的技艺，每周都要做出众多决策。大规模投资组合的经理无法通过运气或意外事件积累高收益。"

任何领域都可能出现一代奇才，所有的证据都显示波顿就是这样的人。正如波顿本人承认的，他的业绩在职业生涯的余下时间里可能会有所下滑。倘若事实果真如此的话，也没什么可奇怪的，特别是因为之前有利于他的市场环境帮助他取得了不错的业绩，比如中小盘股重新受到了青睐，这一趋势也许正在开始反转。然而，波顿的选股业绩记录如此优异，即使再经历一次如1990年那样的噩梦，即基金缩水40%，而同期市场的跌幅仅为其一半，他大部分投资者的收益也将高于市场。现在，只有可怕的财富大逆转才能摧毁他的业绩记录和声誉，但基金行业内几乎无人认为会出现这样的结果。在基金管理这个要求苛刻的行业里，人们只会根据基金经理最近的业绩记录来评判他。当波顿在他选定的日期退休时，必定留下一代人中最杰出的选股者的好名声。

INVESTING WITH
ANTHONY BOLTON

第四章

对投资者的启示

■ **我的教训**（安东尼·波顿）

投资并非一门精确的科学，而且我知道，所有成功的职业投资者都会从许多陷阱中吸取经验教训。在我执掌特殊情况基金的这26年里，我有足够的时间思索哪些因素能造就一位成功的选股人。我从自己的经验中吸取的教训是：

了解企业的特许经营权及其特质

不同企业的特质和可持续性差异很大，了解企业及其盈利模式和竞争优势至关重要。像沃伦·巴菲特一样，我的理想目标是拥有具有宝贵的特许经营权的企业，这些企业可在长期得到持续发展。我提出的一个简单问题是：10年后这家企业会是什么样子？它会比今天更有价值吗？

理解推动企业发展的关键变量

确定影响公司业绩的关键变量，特别是无法控制的关键变量，如货币、利率和税收变化等,对理解股票的动态至关重要。在我看来,理想的企业大体上应能控制自己的命运。我还记得几年前曾遇到的一个反例,由于英镑升值,一家之前业务比较兴旺的英国化学公司的产品完全没有竞争力了,最后几乎没有生意可做。

更青睐简单的企业

当企业结构非常复杂时,你很难确认它是否具有可持续的特许经营权,这可能需要专家来把脉。产生现金流的能力是非常吸引人的属性,事实上,它是所有属性中最重要的。其他条件相同时,需要大量资本支出才能继续经营的公司缺乏吸引力。一位私募股权专家曾告诉我,股市高估了成长的价值,低估了产生现金的价值。私募股权投资者正好相反。就这一方面而言,我站在私募股权投资者一边。

直接听取管理层的意见

坦诚和不浮夸是我看重的管理层的关键属性。根据我的经验,二手信息总是不如一手信息。多年来,我与各行各业的数百家公司的管理层打过交道,我最看重的是他们对企业做出坦诚、不偏不倚的评价。这意味着既谈论企业的优点,也谈论企业的缺点(所有的企业都是优缺点兼具的)。我喜欢的是那些不做出过分承诺但最终的业绩稍高于承诺的经理。最需要警惕的是那些说得天花乱坠最终却无法兑现承诺的人。也就是说,我跟沃伦·巴菲特等人的理念一样,我宁愿投资于由普通管理者经营的优秀企业,也不愿投资于由明星管理者经营的糟糕企业。

尽量避开"狡诈的"管理层

我曾经以为,看起来强大的企业动态能抵消"狡诈的"管理层带来的恶果。在投资了几家事后"暴雷"的公司之后,我现在绝不去碰管理层不道德或做违法之事的公司了。我从中吸取的教训是,即使有公司治理核查制度和外部会计师的审核,管理层仍然有很多办法蒙蔽投资者。几年前,一位意大利的联络人告诉我,不要碰帕玛拉特(Parmalat)公司,因为该公司就存在这样的问题。事实证明,这是一个好建议。正如沃伦·巴菲特所说,误导公众的首席执行官最终会误导他自己(你现在可能意识到了,我与很多人一样,是巴菲特的忠实粉丝。伯克希尔·哈撒韦的年度报告堪称投资建议和金融智慧的宝库)。

比大众早两步思考和行动

试着找出今天被忽视但未来能够激发人们兴趣的股票。股市的眼光不太长远,因此,投资有点像下国际象棋,你比别人看得远一些就能获利。我认为自己很善于判断能激发投资者兴趣的情形,能识别未来看好的情形。那些当前被忽视但将来能够影响投资者心理的公司正是我努力寻找的。

了解资产负债表风险

如果说选股人必须吸取一个教训的话,那么这必定是最重要的一个。如果说投资的关键在于遏制下跌和避免灾难的话,那么只有睁大眼睛,仔细观察,才能承受总资产负债表风险。这种风险是导致我投资业绩惨淡的最常见因素。根据我的经验,大多数分析师都很难评估这种风险,

沃伦·巴菲特：投资建议的宝库

许多分析师压根儿就不分析资产负债表。除了各种形式的债务外，还要分析养老金赤字、评估转换可能性很小的可转换优先股。这两者与常规负债具有许多相同的特征。

从各种渠道获得投资建议

我喜欢从自己认为对特定公司或行业非常了解的来源寻找投资建议。消息源越多，从中发现优胜者的概率就越大。最明显的资源不一定是最佳的。我特别喜欢没有被大多数机构广泛使用的资源。另一方面，我并没有傲慢到不参考竞争对手想法的程度，对我来说，他们的意见和股票经纪人的一样有价值。

密切关注公司内部人员的交易行为

没有指标是绝对可靠的，但公司董事的交易是有价值的证据，特别是当他们寻找多重交易时。买入通常要比卖出更重要，一些董事的记录比其他董事的更出色。

定期审视你的投资信念

投资管理就是要为投资机会建立信念，然后随着时间的推移不断审视这一信念，特别是出现新信息时。信念和强烈的感觉都很重要，应予以支持。但是，信念不能演变为固执。证据变化时，观念也应有所变化。在任何时候，你都应该用几句话概括出你持有某家公司股票的原因。

忘记你购买股票时支付的价格

你支付了多高的价格根本无关紧要，它只是在心理上重要而已。情况发生变化时，要毫不犹豫地止损。一个经典的例子是对德国巴布科克公司（Deutsche Babcock）的投资。该公司是一家德国工程集团，其业务领域众多，包括造船业。一天早上，一位长期监测这家公司的分析师走进了我的办公室。他非常激动地告诉我，这家公司的首席执行官正在办理离职手续。我们都比较钦佩这位首席执行官，他的管理从业记录也很出色。我之前计划收购该公司最出色的业务——造船业，这也是我们购买该公司股票的主要原因。听了分析师的话后，我马上通知交易员抛售该公司所有的股票，并在需要时采取进一步的行动。尽管投资这只股票让我遭受了很大的损失，但几个月后损失的钱就被赚回来了。

分析以往的业绩成因通常是浪费时间之举

如果说生活是不断犯错并从中吸取教训的话，股市也是如此。然而，业绩归因（详细分析基金经理相对于指数或基准对哪只股票或哪个行业

"下注")变得非常流行。然而，由于它是事后的分析，因此对未来没什么启示。我意识到，当投资授权比较平衡时，一些归因分析是必要的，一些客户，如养老基金信托人也需要它。

然而，业内人士往往认为，过去的业绩在未来会重现。当一个人业绩不佳时，顾问不断地提醒这一点没什么好处，事实上可能适得其反！性格很重要。如果你有躁狂抑郁的倾向，就不要想着成为一名投资者了。要以平常心看待成功和失败。但另一方面，分析你的错误（"为什么我错了，有没有什么先兆？"）却是非常值得的。

注意绝对估值

要避免在牛市期间被某只股票的表面繁荣所迷惑，投资者需要核验真实的现状，此时查看绝对估值是比较有益的。我喜欢买入的是在未来2年内其市盈率为个位数或者自由现金流的收益率高于现行利率的股票。如果只看股票的相对估值，你可能会误入歧途。

应用技术分析

我可以用一整章的内容描述技术分析的运用（也许有一天我会这么做），我知道投资专业人士对其有不同的看法。有些人是技术分析的热情支持者，而另一些人则认为它只不过是唬人的伎俩。我认为技术分析有助于制定决策的框架，有助于把握下注的规模。我运用它来确认或否认某些因素的影响。当技术分析结果与基本面分析结果一致时，我会加大赌注；不一致时，我会减少赌注。如技术状况恶化，我也会重新审视我对基本面的看法，以防出现疏漏。我发现，目标公司的市值越高，技术分析就越有用。

避免市场择时和"豪赌"

我想把赌注下到我认为存在竞争优势的地方。多年来,许多时事评论员撰写的文章都声称,把握市场时机非常困难。在过去26年的职业生涯中,我仅有五六次对市场水平或走向有强烈的感觉。我近来有这种感觉的次数似乎越来越多(2003年3月看涨,2006年3月看跌),这也许与我年纪大了有关。即便如此,我也不会把全部基金押在一个观点上。当我在一个行业的两只股票中做选择时(两只股票的基本面都具有吸引力,但我只能买入一只),我会考虑宏观因素。宏观因素甚至可能是买入的决定性因素(例如一只股票因美元强势而受益,另一只则没有)。

做逆向投资者

如果投资让你感觉非常"舒服",这可能说明你做出投资决策太迟了。要尝试与众不同的投资。股价上涨时要避免过于看涨。当几乎每个人都对前景持谨慎态度时,他们有可能是错的,情况可能会有所好转。同样,当很少有人对前景担忧时,恐怕就到了该小心谨慎的时候了。我发现,对于一些经验不足的同事来说,他们最乐观或最悲观时,我对他们的帮助最大。此时,我会提醒他们,股市提供了极好的贴现机制。每个人通常都会担心价格问题。投资者需要不断得到提醒,市场正是这么运作的。

■ **寻找下一个波顿**(乔纳森·戴维斯)

投资者自行选股要遭受技术和情感上的双重挑战,而购买投资基金长期以来一直被认为是自行选股的一种方便而有益的替代方案。对大多数私人投资者而言，选择一位优秀的基金经理实际上要比自己选股更能有效地利用时间和精力。持有基金最明显的好处是便利、简单和固有的投资多样性，这有助于解释英国的单位信托和OEIC目前已发展到约3 500亿英镑规模的原因。对于较富有的投资者而言，通过持有基金能够将资本增值税转变为净收益，这是持有基金的一个特别优势。

基金还为投资者提供了投资海外市场和行业的渠道，投资者自己对海外市场进行投资比较困难。随着投资业日益全球化和复杂化，投资者面临的机会更多了。无论对风险的态度如何，投资者都能找到符合自己心意的基金。一个经常被引用的统计数据显示，在英国，可供选择的基金的数目多于上市公司股票的数目，因此，肯定不存在可供选择的基金缺乏的问题。

因此，对基金投资者而言，问题不是基金的概念是否合乎情理，而是他们能否在实践中成功地预先确定哪种基金真正能给他们带来价值。仅在英国，就有3 000多只可供选择的基金，确认哪个能带来价值并非易事。找到像安东尼·波顿这样出色的基金经理要比预想的困难得多。考虑到费用、普通基金长期令人失望的业绩，持有基金的这些理论上的优势恐怕会在实践中大打折扣，主动和被动管理的基金概莫能外。

例如，美国的一项重大研究发现，在20世纪80年代和90年代的大牛市期间，一般的股权基金业绩每年比市场基准标准普尔500指数低2%~3%。换句话说，大多数基金未能击败市场，高额的销售和管理费用是拖累基金业绩的重要因素。更令人沮丧的是，一般的基金投资者获得的收益与平均水平存在相当大的差距。这意味着投资者未能从市场提供的基金中挑选出正确的基金，这进一步扩大了整体基金业的缺陷。

业绩不佳最重要的一个原因是，投资者在选择基金时，以基金的近期业绩作为主要依据，没有合理地估计基金未来获得高收益的能力。（鉴于许多基金投资者是听从了顾问的建议后买入的，这也反映出顾问的水平不高。）没有理由相信英国的状况与美国存在重大差异。事实上，最近由英国财政部委托的一项官方研究直截了当地断定："（私人投资市场的）投资决策似乎没什么效力。"[1]

投资者能从富达特殊情况基金的异常成功中吸取哪些经验教训呢？以下是一些个人经验，投资者可取其精华，弃其糟粕。

坚持现实主义和实用主义

只要你不提出不切实际的要求，基金就能为你带来较高的收益。富达特殊情况基金取得如此优异成绩的一个原因是，富达发行它是为了给投资者提供与市场跟踪型股票基金截然不同的选择。它是一只主动寻求风险的基金，因经理的卓越才能而运行良好。具有相同业绩目标但掌舵人才华不济的基金或者授权限制较多的基金将永远不可能产生如此丰厚的回报，你不应奢望它们能产生如此高的收益。当基金能一以贯之地运用既定的投资策略并扮演特定的角色时，其运行效果会达到最佳。

了解你的基金

这似乎是很浅显的道理，但不太了解所购买的基金的性质可能是基金投资者（以及不太可信的顾问）常犯的最大错误。任何基金投资者买入基金时要思考的关键问题是：基金的投资风格和策略是什么？基金的

---

[1]《桑德勒报告》(*Sandler Report*)，2002年。

风险有多大（以众多指标衡量）？基金经理的经验和业绩记录如何？相对于其投资目标而言，基金的收费是否合理？同一领域内有无其他（或更好的）替代品？如果你事先已经弄清楚了这些问题，那么你就不会对基金后来的业绩状况感到惊讶了（除非业绩良好）。

清楚基金的波动性

波动性是衡量你所投资的基金逐日或逐月价格风险的标准方法。高波动性基金能考验你作为基金投资者的忠诚度，因为它们会时不时地产生惨淡的业绩。但不要把波动性和绝对的投资风险混为一谈。有人拓展了波动性的含义，从而把特殊情况基金描述为高风险基金，但该基金的5年和7年收益率总是高于市场，而且基金损失幅度很少大于基准指数。在投资之前，要审视一系列风险衡量指标，不能只看一个，而且不能只看一段时期的风险指标值。记住沃伦·巴菲特的至理名言：投资中最大的风险是不知道自己在干什么。

一致性很重要

每年都击败市场的基金根本不存在（如果有人告诉你存在这样的基金，那你可得小心了）。然而，确实有一些基金能在长期内带来高于市场的风险调整后收益，尽管这样的基金很少。它们在任何基金投资组合中都很重要，如特殊情况基金。当你发现了业绩一直都很出色的基金时，一定要珍惜它。

复利是基金长期成功的关键

由于基金能够延迟基本投资的资本收益，其投资者能够充分享受复利带来的奇妙利益，特别是当基金的功能是专门创造资本收益而非收入时。以富达特殊情况基金为例，其每年的市场收益率高出市场6%，若初始投资额为7 500英镑，27年后就会增长为100万英镑，而同期股市的收益仅为23万英镑，二者之间的差距非常大。由于高昂的前期成本，大多数基金就其性质而言适合被买入并持有，不适合被频繁地交易。

业绩不佳可能是买入机会

当你发现了安东尼·波顿这样优秀的基金经理时，千万不要因为他最近的业绩低于市场就认为他江郎才尽了。报纸开始对基金的惨淡业绩说三道四反而是好事。如果基金的投资行为与其授权范围一致，那么此时更多的是买入而非卖出的机会，就像1998年的特殊情况基金，当时价值型投资者管理的许多基金都名列业绩榜底端。逆向投资也适用于基金投资者。

基金的提供者很重要

总的来讲，私营基金管理公司的业绩往往高于国有公司的，与资产管理只是一个业务部门的公司相比，专业的投资管理公司拥有的顶级业绩基金的比例会更高。除一些特例外，寿险公司和大型银行出售的基金往往不如专业公司的价值高。了解基金提供者的业务需求和文化有助于了解基金的实际获益能力。然而，很少有基金提供者像富达一样致力于业务研究和长期的投资成功。

"小道消息"非常宝贵

许多网站上公布的基金等级为投资者选择基金提供了有益的筛选工

具。评级并不能保证未来的业绩，但有助于投资者避免踩雷。除了广泛阅读全国性交易媒体上的资料外，还要参考投资经理菲尔·费雪（Phil Fisher）所称的行业小道消息，多打听打听，确认专业人士对哪些基金经理的评价最高。查看领先的基金的经理会把资金投向哪些基金。参加基金和投资信托公司的年会并观察基金经理们的表现。10年前，我在撰写一本有关职业投资者的书时，曾请专业人士推荐最杰出的职业投资者，他们都推荐了安东尼·波顿和尼尔斯·托布。从这个意义上说，人们很容易找到这两位业绩卓越的基金经理。

实事求是地看待以往的业绩

过去的业绩数据并非毫无用处，例如，你可以通过它们了解不同基金在市场周期不同阶段的表现，但不能仅凭一只基金位列业绩表榜首你就购买它。当前对基金业绩影响最大的因素往往与投资风格的转变和同类资产的业绩有关，而非基金内在优势的体现。当石油价格翻倍时，能源和其他大宗商品基金的业绩会非常好，采用高风险策略和利用杠杆的能源基金是其中的佼佼者。正如特殊情况基金展示的那样，经过市场周期不同阶段的考验、长期持续地获得高于基准的业绩是基金投资人理想的投资目标。

不能过于重视相对业绩

在以销售为主导的基金管理业，每只基金都是其供应商眼中的潜在赢家。广告不时地吹嘘某只基金与同行相比的业绩有多好。明智的投资者会以质疑的态度看待这些广告。尽管比较基金的业绩有助于评估基金经理的能力，但投资者最重视的是他们实际上能赚多少钱。在短期的比较中，有时特殊情况基金的业绩比较糟糕，但从长期来看，其绝对收益是无可匹敌的，而这才是最重要的。

主动和被动管理型基金都有用处

富达特殊情况基金是一只主动管理型基金，它可以说是英国有史以来最出色的基金，但这并不意味着你买入的都应该是主动管理型基金。哪种类型更为优越？争论这个问题意义不大。尽管两种类型基金的选择标准不同，但都各有用途。常识性的策略是，以资深的供应商提供的低成本指数基金作为核心的股权市场投资基金，在此基础上增加一两只精选的主动管理型基金，比如富达特殊情况基金，以此调节投资组合。找到这样的基金可能比较困难，但如果一只基金在去除成本后能够产生高于基准2%的年收益，投资者最终也会获得丰厚的回报。

互联网是你的朋友

如果你愿意研究基金，希望找到下一个安东尼·波顿，那么互联网将是你可利用的强大工具。下面这十几个网站能为你提供帮助（这些网站中，大多数需要注册，有些可能会收取服务费，除非你已是其客户）：

www.funds-sp.com

www.citywire.co.uk

www.morningstar.co.uk

www.reuters.co.uk

www.trustnet.co.uk

www.fundsnetwork.co.uk

www.styleresearch.com

www.indexinvestor.com

www.ft.com

www.hargreaveslansdown.com

www.bestinvest.com

www.independent-investor.com

性格和正直诚信很重要

我们在前言中就曾提到过这一点，它是睿智且经验丰富的美国投资顾问查理·埃利斯（Charlie Ellis）最先指出的。私人投资者不易了解基金经理的个人特质（虽然小道消息会有些帮助），但你应该清楚，基金经理的个人特质是决定基金是否值得持有的最重要的标准。现实中很少有基金经理像安东尼·波顿那样具有奉献精神和忠诚度：他在超过25年的时间里管理着同一只基金，而英国有一半的经理管理基金的时间不足5年。从长远来看，忠诚度和声誉要比新奇度和年轻更重要。

继续寻找最佳基金

基金业绩并不总是令人欢欣鼓舞的：在5年或更长的时间内，业绩高于市场的主动管理型基金不到总数的一半。更重要的是，人们通常以风险来解释这些基金的高业绩。然而，找到能在10年内产生4倍于股市业绩的基金并非不可能，特殊情况基金就是其中之一。持有一只好基金能够弥补差基金造成的损失。在投入资金之前要花时间琢磨投资于基金能够得到几倍于付出的回报，但不要指望在短期内能出现许多安东尼·波顿一样的基金经理，因为这样的人寥若晨星。

INVESTING WITH
ANTHONY BOLTON

附 录

- **附录清单**

附录1：富达特殊情况基金的业绩记录

附录2：基金分析师如何评价安东尼·波顿

（1）WM公司的研究总监阿拉斯泰尔·麦克杜格尔的分析

（2）哈格里夫斯·兰斯多恩公司基金经理李·古德哈斯的分析

（3）克鲁斯·温特弗拉德证券公司（Close Winterflood Securities）的富达特殊价值基金分析报告（2004年9月）

（4）标准普尔发布的有关富达特殊情况基金的评级报告（2004年10月）

附录3：安东尼·波顿的年度10大持股名单

附录4：富达与其投资的公司间的关系

附录5：富达内部研究范例：威廉·希尔公司（William Hill）（2003年春）

附录6：富达特殊价值基金的幻灯片演示文稿（2006年7月）

附录7：热爱音乐的一生：安东尼·波顿会带至荒岛的8张音乐唱片

附录8：富达特殊情况基金给基金持有人的首期报告的部分页面（1980年10月）

附录1：富达特殊情况基金的业绩记录

■ 基金简介

特殊情况基金于1979年12月发行，在1980年1月完成了第一个足月交易。目前，该基金的规模大约是发行时规模的2 000倍。1984年，该基金的资产净值不到1 000万英镑，1987年，其资产净值首次突破1亿英镑，1995年突破5亿英镑，1998年突破10亿英镑。在接下来的5年里，其规模增加了2倍，达到30亿英镑，到2006年初又增加了1倍，超过了60亿英镑。

在2006年9月份被分拆之前，该基金是英国2 800只信托和公司型开放式投资基金中规模最大的。根据英国投资管理协会（Investment Managers Association）的分类系统，该基金被划归为英国所有公司基金板块。要被划归为这一类，基金必须将80%或以上的资产投向英国股市，并将资本增长作为主要目标。2006年6月30日，这一板块的基金共有304只。

该基金规模的扩大主要靠两个方面：(1) 投资者注入的资金；(2) 波顿管理基金获得的投资收益。扣除基金的运营和营销成本后得到基金的资产净值。富达特殊情况基金是一只累积型基金，与收益型基金有所不同，也就是说，它不支付任何股息，而是保留所有的投资收益并进行再投资，因此，投资者的收益均以资本利得的形式产生，投资者只有出售持有的

● APPENDIX 1 / 附录1

基金后才能变现投资收益。①

基金投资者每年支付1.5%的管理费。特殊情况基金最初的管理费为0.75%，1982年提高至1%，1988年提至当前的1.5%。此费用包括了富达管理基金的大部分费用，包括支付给安东尼·波顿及其分析师同事们的薪水、其他管理费用和中介机构的佣金，这些中介机构向客户推荐基金。

在大部分时间里，该基金的初始费用或购买成本为5.0%。实际上，其中的一部分经由独立的理财顾问和其他中介机构以折扣的形式返还给了投资者。2006年，波顿管理的基金为富达带来了9 000万英镑的管理费收入。保守估计，特殊情况基金自发行以来为富达带来了4亿英镑的管理费收入，这使它成为英国有史以来最成功的单一基金。

该基金的持有人数量从发行之初的几千人增加到了顶峰时期的超过25万人。自2001年以来，投资者的数量大致翻了一番。到2005年底，每个投资者持有的平均基金额大约是1997年持有额的4倍。基金持有的股票数量也相应地增加了。1979年基金的持股数为30只，1982年为60只，尽管2006年下降为150只左右，但顶峰时期该基金的持股数多达近200只。平均持股额从1982年的大约7.5万英镑增加到了2000年的1 500万英镑，增长了20倍之多。

在英国，20多年前发行的单位信托基金有300只，其中，有53只只投资于或主要投资于英国股市。从绝对数字来看，富达特殊情况基金20年内获得的收益是排名第二的英国股票单位信托基金的2倍多（截至2003年底，富达特殊情况的收益为2 615%，排名第二的基金为1 241%，而英国股票单位信托基金的平均收益为696%）。

---

① 准确地说，在最初的5年半时间里，特殊情况信托基金支付极少的股利，金额不到基金资产价值的1%。但这种做法于1985年8月被取消。

APPENDIX 1 / 富达特殊情况基金的业绩记录

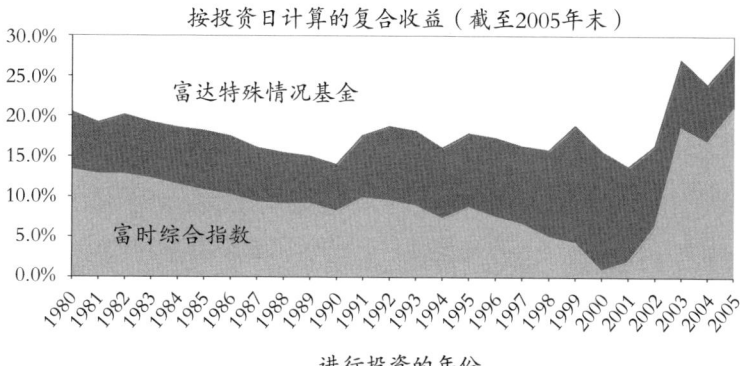

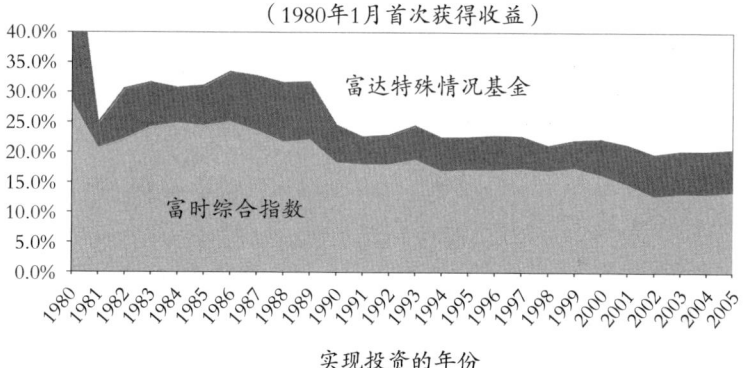

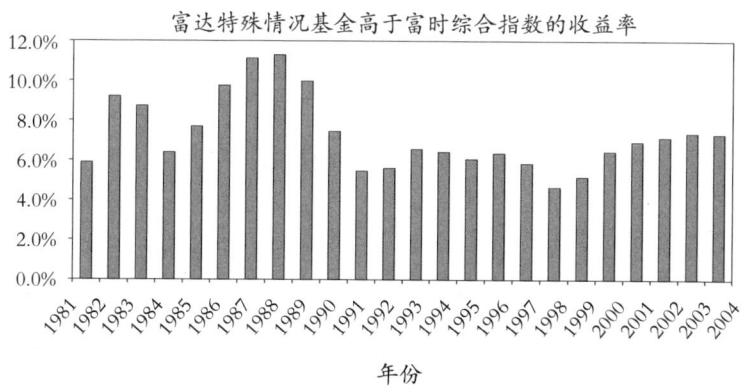

附录图1-1 不同时期的投资者回报（按复合收益率计算）

● APPENDIX 1 / 附录1

对于真正具有长期视野（这里定义为10年）的投资者而言，若在1997年底至2000年初期间卖掉了10年前买入的基金，则其获得的收益不会高于市场，这是唯一的例外。1987年9月份（1987年10月股市暴跌）买入该基金的投资者业绩最为糟糕。然而，正像波顿指出的那样，在那个时候该基金当年已经上涨了90%，所以出现某种形式的回调是不可避免的。

1999年12月31日买入该基金的投资者获得了最高的相对复合收益率，4年后，他们将获得11.7%的复合收益率，而同一时期富时综合指数为-6.6%。1988年12月31日买入该基金的投资者获得的相对复合收益率最低，截至2003年底，他们获得的收益率为13.8%，而同期富时综合指数为9.3%。

■ 复合收益

附录图1-1的第二张图显示了不同角度下的复合收益率数据。它没有显示自不同的投资日期以来实现的收益率，而是显示了从基金发行到随后各个年份的收益率。换句话说，它反映的是从一开始就买入基金的投资者实现的收益以及从基金发行到目前的任意时刻卖出基金可获得的投资收益。

附录表1-1 复合收益率

自1979年发行以来的历年复合收益率				按实现投资的年份计算的复合收益率（截至2005年）			
基金出售时间	基金	市场	同类基金	基金买入时间	基金	市场	同类基金
1980年12月	58.0%	32.9%	28.2%	1979年12月	20.4%	13.8%	13.3%
1981年12月	24.7%	21.9%	20.5%	1980年12月	19.1%	13.1%	12.7%

APPENDIX 1 / 富达特殊情况基金的业绩记录

（续表）

自1979年发行以来的 历年复合收益率				按实现投资的年份计算的 复合收益率（截至2005年）			
基金 出售时间	基金	市场	同类 基金	基金 买入时间	基金	市场	同类 基金
1982年12月	30.5%	23.6%	22.1%	1981年12月	20.1%	13.2%	12.7%
1983年12月	31.5%	24.5%	24.1%	1982年12月	19.2%	12.6%	12.2%
1984年12月	30.6%	25.6%	24.7%	1983年12月	18.5%	12.0%	11.4%
1985年12月	31.0%	24.4%	24.3%	1984年12月	18.1%	11.2%	10.7%
1986年12月	33.3%	24.6%	24.9%	1985年12月	17.4%	10.8%	10.2%
1987年12月	32.6%	22.3%	23.4%	1986年12月	16.0%	10.1%	9.3%
1988年12月	31.5%	20.9%	21.6%	1987年12月	15.4%	10.2%	9.0%
1989年12月	31.6%	22.2%	22.0%	1988年12月	14.9%	10.2%	9.1%
1990年12月	24.5%	18.7%	18.2%	1989年12月	13.9%	8.9%	8.2%
1991年12月	22.5%	18.8%	17.9%	1990年12月	17.5%	10.3%	9.8%
1992年12月	22.8%	18.8%	17.9%	1991年12月	18.7%	9.7%	9.5%
1993年12月	24.4%	19.4%	18.7%	1992年12月	18.1%	9.0%	8.8%
1994年12月	22.4%	17.5%	16.8%	1993年12月	16.0%	7.6%	7.3%
1995年12月	22.5%	17.8%	17.0%	1994年12月	17.8%	9.0%	8.7%
1996年12月	22.7%	17.7%	17.0%	1995年12月	17.2%	7.8%	7.5%
1997年12月	22.6%	18.0%	17.2%	1996年12月	16.2%	6.9%	6.6%
1998年12月	21.0%	17.7%	16.8%	1997年12月	15.7%	5.1%	5.0%
1999年12月	21.9%	18.0%	17.3%	1998年12月	18.7%	3.9%	4.2%
2000年12月	22.1%	16.8%	16.2%	1999年12月	15.6%	0.8%	0.8%
2001年12月	21.2%	15.2%	14.6%	2000年12月	13.7%	2.2%	1.9%
2002年12月	19.6%	13.2%	12.6%	2001年12月	16.3%	6.5%	6.3%
2003年12月	20.1%	13.5%	13.0%	2002年12月	27.0%	18.5%	18.5%
2004年12月	20.1%	13.5%	13.0%	2003年12月	23.9%	17.3%	16.8%
2005年12月	20.4%	13.8%	13.3%	2004年12月	27.6%	22.0%	20.9%

来源：富达国际

● APPENDIX 1 / 附录1

在产生较低的绝对收益率时,该基金的业绩仍然优于市场及同类基金。截至2003年底的过去20年里,富达特殊情况基金的收益率是富时综合指数的3.5倍,是英国股票市场单位信托基金平均收益率的3.8倍。在过去10年里,该基金的收益率对富时综合指数和同类基金的优势与之前一样(仍分别为3.5倍和3.8倍)。

进一步分析这两组数据可知,过去几年中,该基金对富时综合指数的优势扩大了。基金的复合收益率和市场指数的差幅如附录表1-1中的第3列所示,不同起点日期的差幅从4.5%(最低差幅)到12%以上(最高差幅)不等。

■ 买入并持有基金的最佳和最差年份

从绝对值来看,买入基金的最佳年份是其发行之年。然而,在此之后也有很多买入该基金并获得高额正收益的年份。相对业绩最差的时期有两个,一个是1990~1991年的经济衰退期间,当时该基金连续几个季度业绩不佳;另一个是20世纪90年代后期,当时波顿的价值投资风格与市场风潮背道而驰。然而,在后一个时期,该基金仍然产生了强劲的收益,只是与市场相比较弱而已。这些业绩不佳的时期正是买入该基金的最佳时期。

该基金发行以来业绩最出色的10年是它的第一个10年,当时它的规模要比现在小得多,业绩优异的可能性比现在大得多。从发行到1989年12月,该基金的复合收益率为31.6%,而市场的仅为22.2%。

在发行后第一个10年内产生优异的业绩是许多后来成名的大规模基金具有的共同特点。在发行后的最初几年里,该基金的资产总额不到1 000万英镑,投资组合集中于少数小盘股,在这样的背景下,偏爱风险的基金经理更容易跑赢富时综合指数这类宽泛的市场指数。

APPENDIX 1 / 富达特殊情况基金的业绩记录

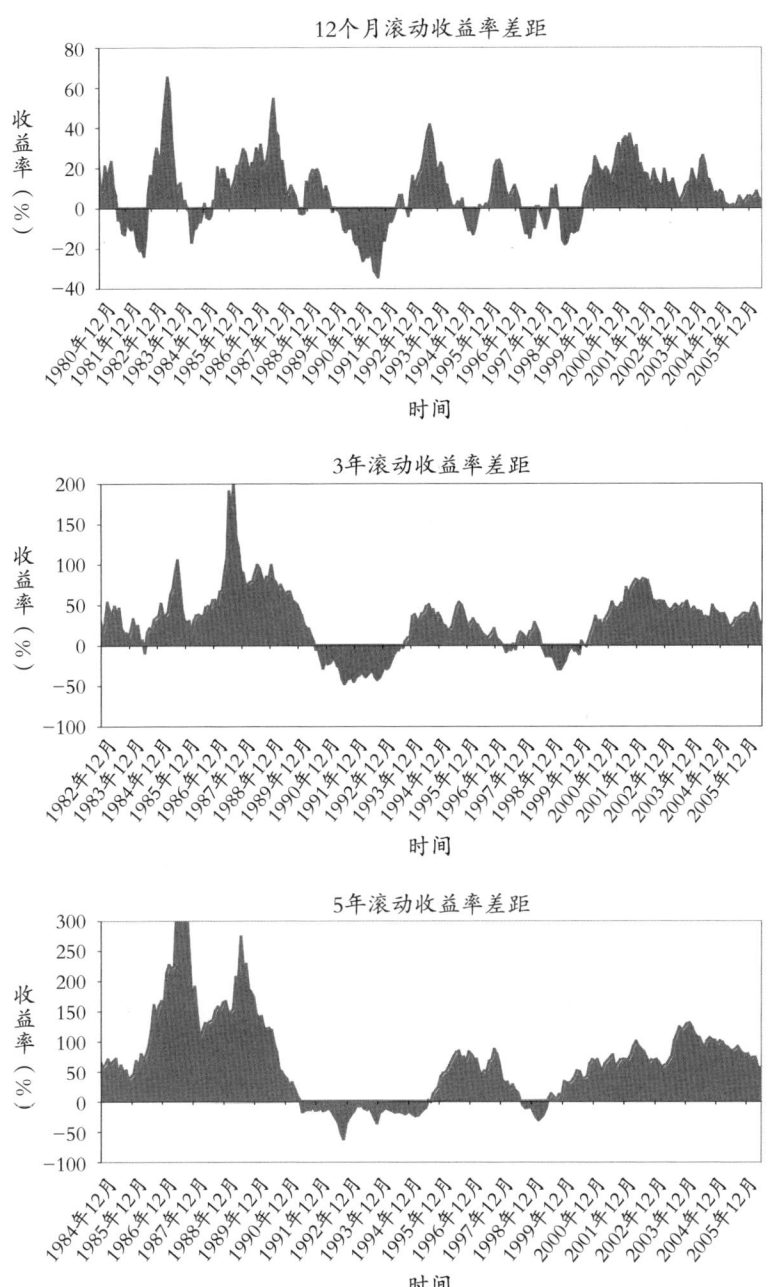

附录图1-2 击败基准:富达特殊情况基金与富时综合指数1年、3年和5年的滚动收益率差距

INVESTING WITH
ANTHONY BOLTON

附录2：基金分析师如何评价安东尼·波顿

(1) WM公司的研究总监阿拉斯泰尔·麦克杜格尔的分析

引 言

本报告中，我们以自己的业绩指标来分析富达特殊情况基金的业绩特征。该基金自1979年12月发行以来一直由安东尼·波顿管理。

我们以同类基金（即属于"全部公司"板块的基金）和富时综合指数（广泛的英国股票市场指数）为参照来评价该基金的业绩，从中可明确其业绩水平以及实现如此业绩的方式。

它是什么类型的基金

富达指出，该基金的管理要比其他英国基金更为积极，目的是为投资者实现长期的资本增长。波顿是一位选股人，不会采用主题投资方法。该基金通常偏向中小盘股。目前其价值约为35亿英镑，持有的股票数目约为190只。

其风险如何

投资者要投资股票就会面临市场风险。投资者要做出的下一个决策

● APPENDIX 2 / 附录2

是，投资要承担多大的主动管理风险？不想承担主动管理风险的投资者可投资于跟踪型基金，跟踪哪种基金则取决于投资者对市场的定义。其他投资者承担的主动管理风险大小有差异，一般而言，对基金的管理越主动，承受的风险就越高。

很明显，一旦选择了主动的经理，投资者就应当寻求真正的主动管理型基金而非所谓的"类指数"（closet indexing）基金，这类基金的经理只承担相对于市场指数不大的风险，却期望获得主动管理的费用。鉴于富达描述其基金时用了"主动的"（aggressive）一词，那么该基金多年来承担的风险状况如何呢？

市场风险可通过计算基金的绝对波动率（即收益的标准差）来评估。附录图2-1显示了富达特殊情况基金（自发行以来）和同类基金3年滚动

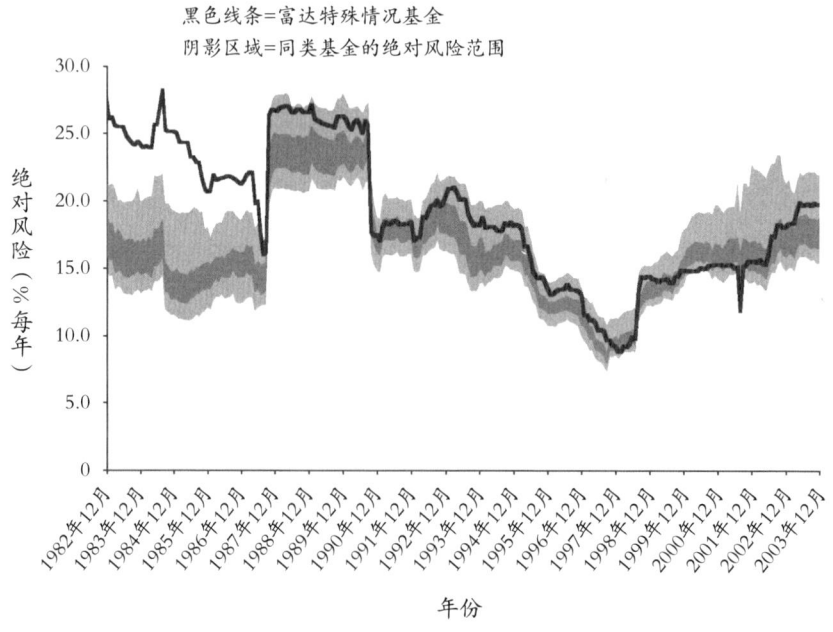

附录图2-1　英国所有公司板块信托基金3年期的绝对风险范围

收益的绝对波动率。特殊情况基金的波动率如图中的黑线所示,同类基金的波动率如图中的阴影区域所示。深灰色阴影区域包括了中间四分位数的绝对风险范围,即同类基金中间50%的部分。浅灰色阴影部分包括了同类基金中5%至95%区域的绝对风险。通过对比黑线条和阴影区域,我们可以看出该基金相对于同类基金承担的风险有多大。

富达特殊情况基金的绝对风险除在初期有些偏高之外,其他时期的绝对风险与标准普尔所有公司板块其他基金的绝对风险大致相同。

从主动风险来看,情况却截然不同。附录图2-2中显示的主动风险被定义为标准普尔所有公司板块其他基金的相对收益标准差。所有的基金收益都与富时综合指数进行了对比,这样有利于我们查看相对结果。

从整个期间来看,特殊情况基金的运营风险一直远高于几乎所有的同类基金。自1980年以来,其3年期的平均主动风险率为11.9%。因此,

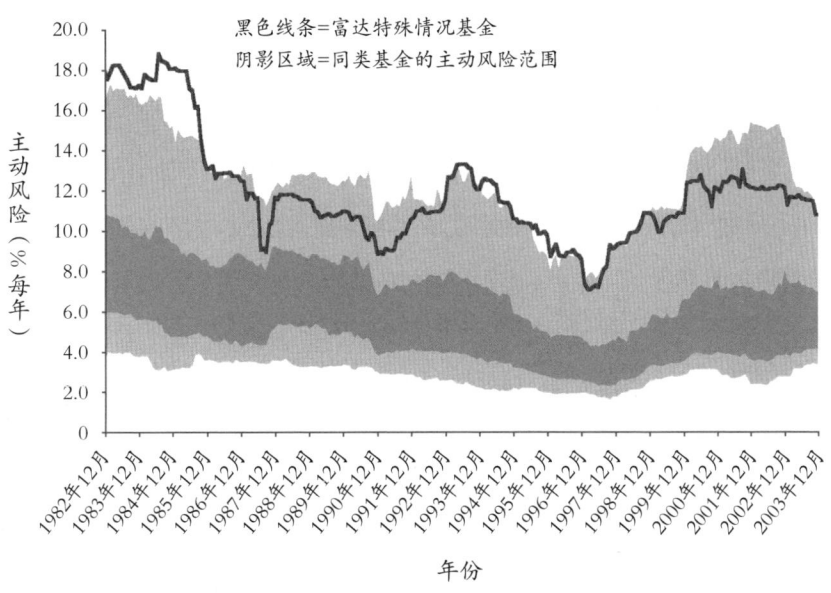

附录图2-2　英国所有公司板块信托基金3年期的主动风险范围

● APPENDIX 2 / 附录2

特殊情况基金的管理风格与大多数同类基金截然不同。按照定义，一只跟踪综合指数的基金的主动风险接近于零。因此，投资者会认为富达特殊情况基金的业绩与其大部分竞争对手或市场的截然不同（收益很高或很低）。

如何投资

确认了特殊情况基金与绝大多数同类基金完全不同后，我们可以运用以收益为基础的风格分析法深入了解安东尼·波顿在多年的时间里是如何进行投资的。回想前文可知，富达将特殊情况基金描述为一只自下而上、偏向于中小盘英国股的基金。

以收益为基础的风格分析法运用多元回归技术确认信托基金的投向，因此，该方法为判断基金经理言行是否一致提供了基础。它以最具代表性的综合指数分析基金收益的来源，换句话说，该方法将基金的业绩表示为股市次级基准指数的加权平均收益。下面我们使用"风格网格"从两个维度分析基金的投资风格。

在下面的风格网格图中，纵轴表示投资于成长股或价值股的比例，横轴表示基金偏向或偏离富时100指数的程度。附录图2-3根据1995~2003年间的数据绘制而成。以1995年为初始年份是因为，当年富时350高收益指数和低收益指数问世，成为成长投资和价值投资的代理变量。没有任何指数能使我们推断出富达基金持有的小盘股中的价值/成长偏向，但高收益和低收益指数能让我们推断出该基金持有的大盘股和中盘股的偏向。

我们以"趋势轨迹"展示了富达特殊情况基金的风格如何随时间的推移而改变，即展示了9年的业绩记录创造的7个滚动3年期的投资风格。在此期间，该基金从不投资于任何富时100成分股的偏成长型投资风格转

APPENDIX 2 / 基金分析师如何评价安东尼·波顿

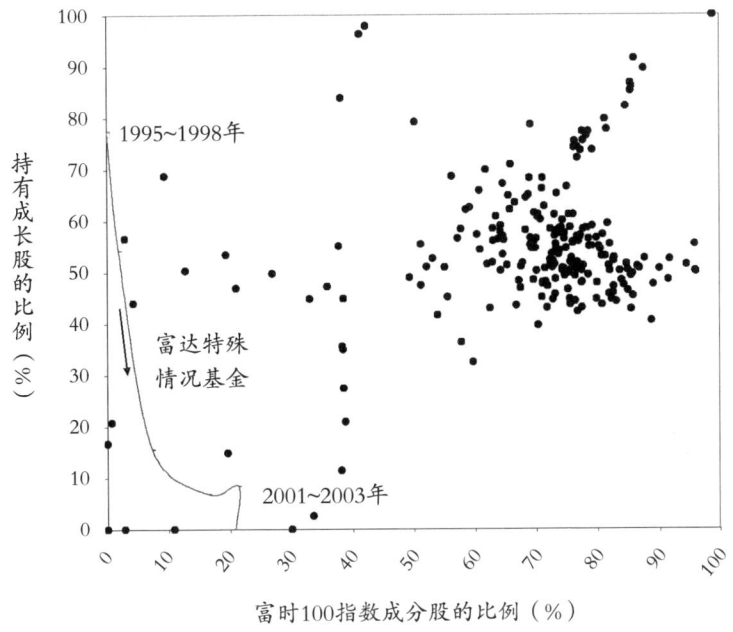

附录图2-3　英国全部公司板块基金的风格分布（1995~2003年）

变为将20%~25%的资金投向大盘股的偏价值型投资风格。[①]

图中的黑点表示的是该基金35个历史最悠久的竞争对手的风格。图中没有显示同类基金的趋势轨迹，这凸显出了值得注意的两点：

- 黑点的聚集表明，同类基金中的许多基金的投资风格更具一致性。
- 大多数同类基金主要投资于大盘股，追求成长和价值投资的平衡，换句话说，它们看起来与大盘相似。相比之下，富达基金看起来与大盘相距甚远。

[①] 值得注意的是，安东尼质疑"偏成长型投资风格"的描述，他认为这样的描述会误导他人。——作者注

● APPENDIX 2 / 附录2

为了增加可比较基金的数量，我们运用最近3年的数据绘制了风格网格图（见附录图2-4）。这一分析将富达与220只同类基金进行了比较。从图中可以看出，一些基金表现出了相似的偏向，但许多基金仍以广泛的市场为基础，它们存在于风格网格中"秘密跟踪基金"（closet trackers）潜伏的区域，对积极的投资者没有吸引力。

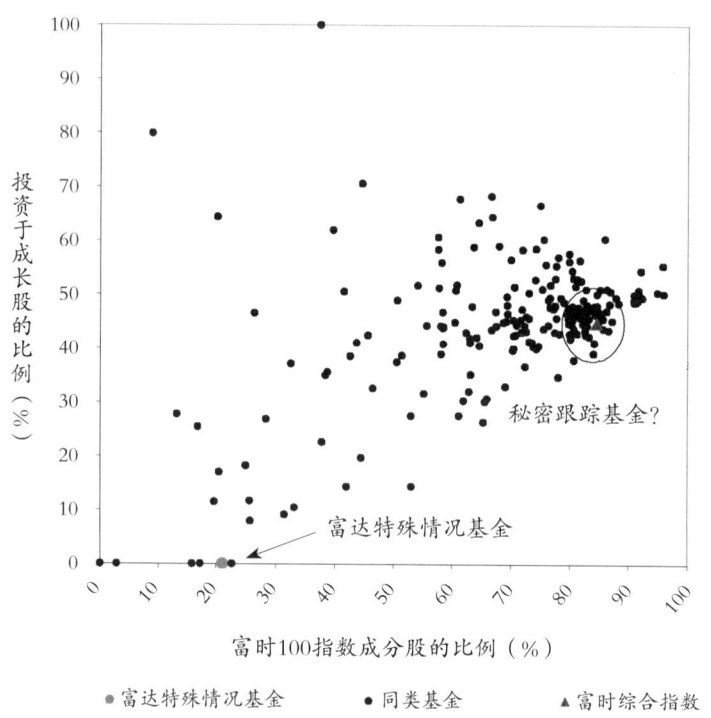

附录图2-4　英国所有公司板块基金的风格分布（2000~2003年）

风格分析很有用，因为具有持久风格偏向的基金极不可能产生一贯的业绩。一贯的优异业绩是主动管理的终极目标。只有能够对不断变化的市场条件做出适当反应的投资者才能获得良好的业绩。

收 益

我们已经明确,从英国股市来看,因风格偏向和高水平的主动管理,富达特殊情况基金是风险程度最高的基金之一。承担高风险是为了给投资者创造长期的资本增长,这已经超出了被动投资和其他主动管理型基金可实现的目标。那么,富达特殊情况基金有多出色呢?

附录图2-5显示了在富达特殊情况基金发行之际投资100英镑的价值增长情况,并对比了向富时综合指数和35只历史最悠久的同类竞争基金进行相同投资的价值增长情况。

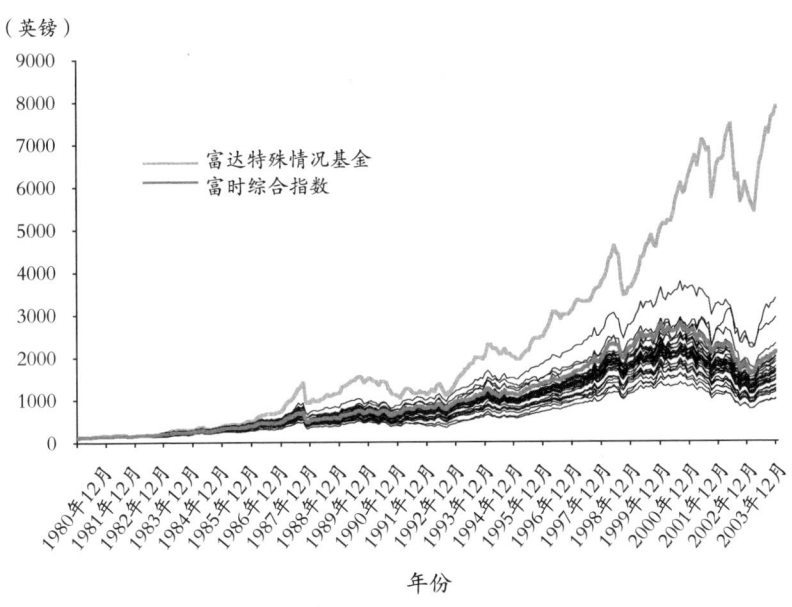

附录图2-5　1980年投资100英镑的价值增长情况

富达基金的结果令人印象深刻。投入的100英镑到2003年底时超过了7 500英镑,年化收益率为19.9%,同期市场的收益率为13.5%,而大多数

● APPENDIX 2 / 附录2

竞争基金的业绩不如市场。当然，使用累计业绩数据可能会使结果高度扭曲，因为基金经理（和粗心的独立财务顾问）会仅凭个别年份的优秀业绩就声称某只基金1年、3年、5年或10年的业绩名列前25%。

评估年度和滚动业绩可以确保这类"昙花一现"的年份不会扭曲业绩的整体状况，而且能够确认业绩趋势（或走势）。附录图2-6显示了1980~2005年富达特殊情况基金相对于富时综合指数的年收益。

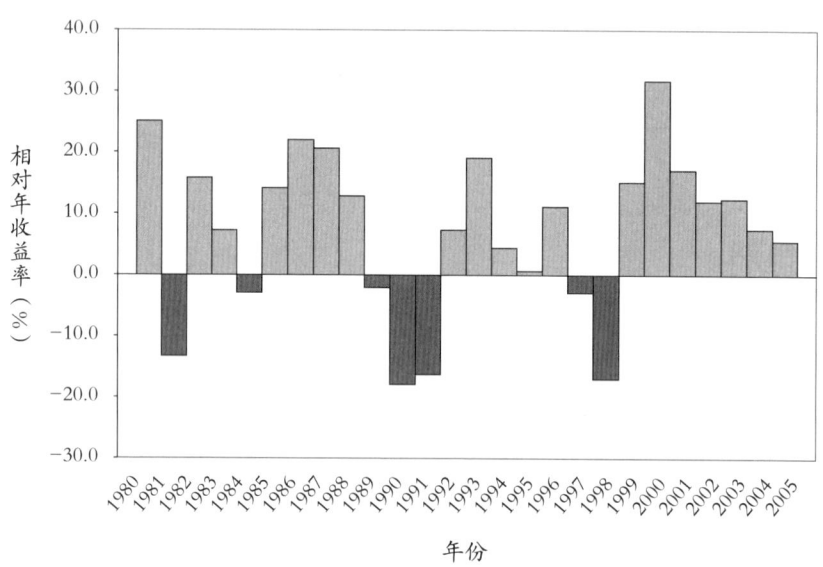

**附录图2-6　1980年以来富达特殊情况基金
相对于富时综合指数的年收益**

从该图26年的数据中可知，富达特殊情况基金在19年里跑赢了大盘。之前我们就曾说过，基金的风险状况会导致市场对基金业绩的预期高度分化。该图证实了这一点：该基金的业绩高于或低于市场的幅度超过10%的年份有16年。

附录图2-7显示了该基金的3年滚动业绩，同样与富时综合指数和标准普尔"所有公司"板块的基金进行了对比。

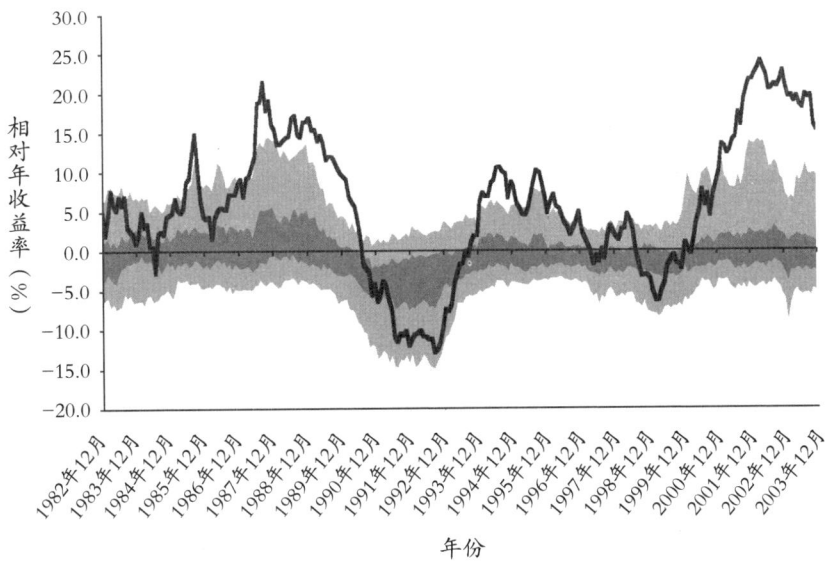

**附录图2-7　富达特殊情况基金相对于
英国全部公司板块信托基金的3年期收益差距**

富达基金的业绩一直处于顶端。近期（包括熊市期间）的相对业绩尤为显眼。相对业绩较差的唯一时期是20世纪90年代初。

业绩的一致性和风险调整后的收益

业绩的一致性是主动管理成功的关键。投资于具有明显风格偏向的基金可能产生高度周期性的业绩，而且自然会导致投资者将投资从一只基金转向另一只基金（但我们认为是误导的）。

如附录表2-1所示，富达特殊情况基金的业绩具有高度一致性，除1989~1991年外，在所有的离散3年期中，该基金的业绩一直名列同类基金的前25%。

• APPENDIX 2 / 附录2

附录表2-1　离散3年期的基金业绩的一致性

年份	排名第几个四分位	排名	年份	信息比率
1980~1982	1	5/58	1980~1982	0.27
1983~1985	1	8/58	1983~1985	0.33
1986~1988	1	1/94	1986~1988	1.42
1989~1991	4	87/94	1989~1991	−1.15
1992~1994	1	3/154	1992~1994	0.82
1995~1997	1	12/154	1995~1997	0.25
1998~2000	1	10/128	1998~2000	0.71
2001~2003	1	2/128	2001~2003	1.40

来源：WM公司

　　我们已经指出，该基金历来承担的风险比较高，但与其高风险相伴的是极为出色和一致的业绩。我们可以用信息比率来分析该基金相对于市场的收益和风险。该指标衡量的是主动管理产生的附加值的质量，其计算方法是基金的主动风险除以其对富时综合指数的超额收益或亏损。因此，信息比率为1意味着1%的主动风险转化为了1%的超额收益。该比率常被视为衡量管理者技能的指标，因为它评估了主动风险转化为超额收益的程度。信息比率越高，人们会认为管理者的技能越高。我们在附录表2-1中列出了富达特殊情况基金在各个3年间的信息比率。

　　该基金不同时期的信息比率差异很大。为了提供一些背景信息，我们需要注意以下两点：

- 对于股市中一般专业管理的基金，扣除成本之后的信息比率一般为负数,这是因为管理者只能实现市场指数业绩,还要从中扣除他们的管理费用。

- 对近期业绩良好的机构管理者而言,0.5的信息比率就足以让其心满意足、大肆宣扬了。

结论

自富达特殊情况基金发行以来,安东尼·波顿作为该基金的管理者,采用不同于标准普尔所有公司板块大多数基金的高度主动的投资方法,获得了持续的优异业绩。他的成绩令人印象深刻,其执掌的基金的资产规模已经超过了35亿英镑,持有近200只股票。

维持这样优异的业绩似乎面临两大障碍。首先,随着基金资产规模的扩大,特别是考虑到该基金主要投资于英国股市,这样的优异业绩还能否保持下去?其次,该基金与安东尼·波顿的联系如此紧密,其接班人能否维持这样的业绩水平?

(2)哈格里夫斯·兰斯多恩公司基金经理李·古德哈斯的分析

方法简介

我们采用的方法是,以不同的风格指标衡量我们拟投资或推荐给客户的所有基金的业绩。运用的计算程序是我们内部开发的,而且我们发现,该程序是很有价值的工具,能区分基金运行良好且投资风格有效的基金经理和通过选股真正增加价值的基金经理。不同的基金各有用途——跟踪稳定的市场风格的基金有时可能表现良好,但找到经过验证、具有可持续的选股能力的基金经理才是我们真正的兴趣所在,因为这样的经

● APPENDIX 2 / 附录2

理太少了!

就英国所有公司板块的基金(富达特殊情况基金是其中之一)而言,我们会观察富时综合指数的资本收益和类似的多种风格指数的月度数据。从中我们可以看出,在某些已知风格因素的影响下,如市值和"价值"与"成长"(后一种情况以高低收益股的相对业绩表示),基金的预期收益是多少。接下来我们对比分析富达特殊情况基金的实际收益和风格基础上的预期收益,两种收益之间的差异可大致归功于基金经理的选股技巧。

评估任何目标基金的选股成效时,我们会计算该基金预期收益和实际收益的差距,而且会计算出随时间推移的复利收益差距。由于相关的数据直到1986年才出现,因此,我们无法分析之前的业绩。我们的分析始于1990年,因为我们搜集到了前4年的富时综合指数价值股和成长股指标数据。

图表显示的信息

附录图2-8和附录图2-9显示了以我们开发的两种风格基准测量的富达特殊情况基金的业绩。附录图2-8将该基金的实际业绩与基于风格和规模混合因素的指数进行了比较。附录图2-9比较了该基金的实际业绩与仅基于规模(市值)的指数。在每幅图中,底部曲线表示的是在既定风格和规模下,相对于以富时综合指数为代表的市场的基金预期收益。曲线下降意味着该风格的基金业绩不如市场,曲线上升意味着相反的情形。另两条曲线中,一条表示的是富达特殊情况基金取得的超过市场的累计业绩,另一条表示的是安东尼·波顿的选股能力对优异业绩的贡献。从中可以看出,自1990年以来,该基金的优异业绩全部归功于选股能力。

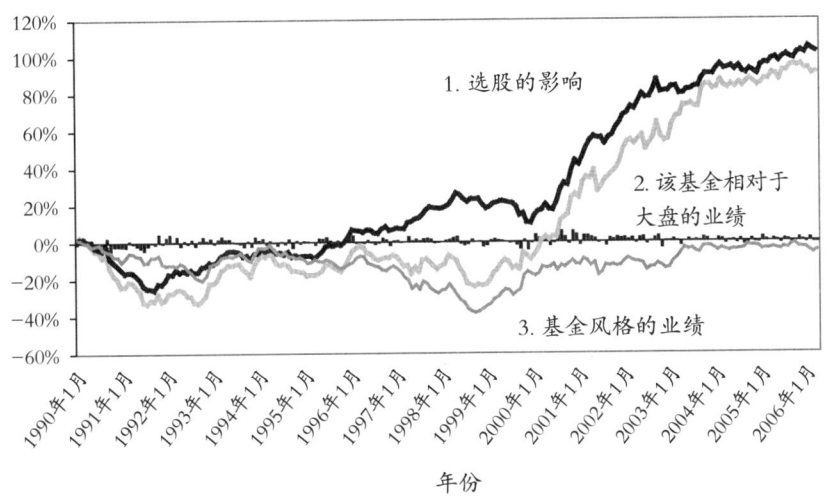

附录图2-8 富达特殊情况基金的风格分析（1990~2006年）

首先来看风格图，它显示了偏向于价值股和中小盘股的基金投资风格14年里的业绩状况。基金风格不利于业绩的时间为1990~1992年间（中小盘股业绩非常糟糕）和1996~1999年间（市场对大盘股和成长股的需求量很大）。其他时候，特别是从1999年开始，基金的风格一般对业绩非常有利。

然而，从1990~2004年的整个期间来看，风格效应在很大程度上相互抵消了。换句话说，在这14年里，若纯粹遵循这样的投资风格但没有运用任何选股技能的话，基金的业绩与富时综合指数无异。事实上，该基金在此期间的业绩明显优于指数，这表明安东尼·波顿的选股能力对该基金的业绩是何等的重要。

基于规模的风格分析也展现了类似的结果。附录图2-9显示出，1990~1999年期间，中小盘股越来越不受欢迎，但此后出现了强劲的反弹。在较早时期，该基金大量投资于小盘股，自1993年后，中盘股的份额越来越大。特殊情况基金的规模偏向不可避免地拖累了其在20世纪90年代后期的业绩，当时大盘股主导了股市的业绩。

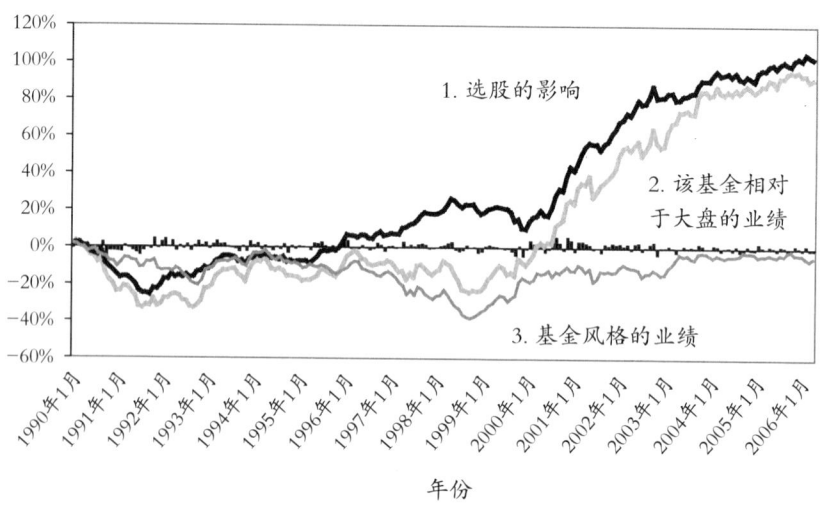

附录图2-9　富达特殊情况基金的规模分析（1990~2006年）

高超的选股能力缓和了业绩不佳的程度。自1999年以来，顺应市场的风格变化和持续的选股能力相结合，促使该基金的业绩大大超过了市场。我们再次看到，若单纯地依靠投资风格，该基金在此期间的业绩与指数大致一样。其大幅超过市场的业绩可归功于强大的选股能力。

虽然我们的分析表明该基金仍然比较偏向于中小盘股，但近年来该基金持有的富时100指数股票的份额一直在稳步增加。无法判定这是因为基金的规模扩大所致，还是因为基金经理发现大盘股在经历了7年的低迷表现后具有更好的价值。

观察该基金业绩的另一个有趣的视角是它在同类基金中的表现。附录图2-10显示了该基金自1990年1月以来6个月滚动业绩的百分比排名。起初时，该基金几乎是同类基金中排名最靠后的，而且，在1998年之前，该基金相对于同类基金出现了极端的波动幅度。但自1998年以后，该基金一直是同类基金中的佼佼者。

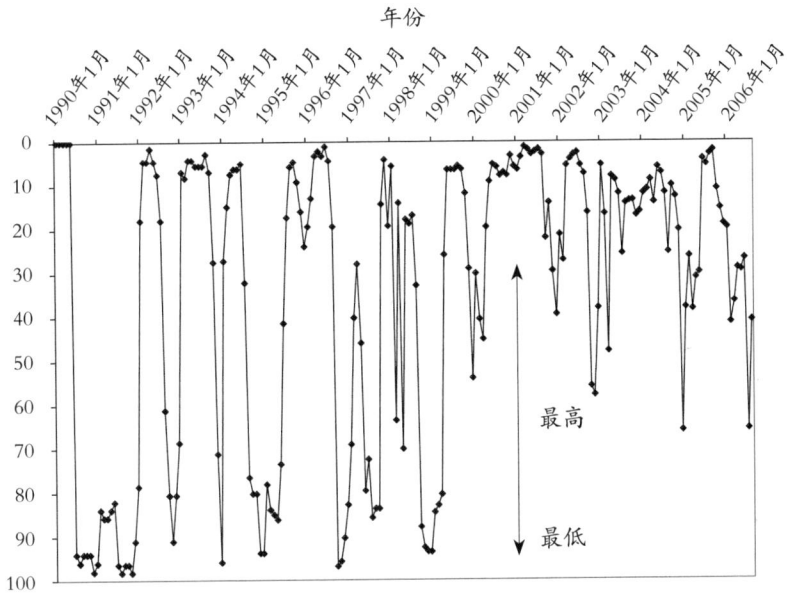

附录图2-10　富达特殊情况基金的百分比排名（1990~2006年）

数据显示，在58%的月份里，选股技能对业绩贡献的指标值大于0。超过50%的比例意味着，基金经理正通过明智的选股为投资者增加价值而非减少价值。在17%的月份中，选股使该基金的月度业绩提高了2%，选股使月度业绩下降超过2%的月份仅占8%。换句话说，选股不但产生了持续的有利影响，而且几乎没有什么不利影响。

从这两方面来看，富达特殊情况基金的业绩均大幅优于其竞争对手。每月的净选股收益，即基金经理每月通过选股带来的增加值，为1.66%。特殊情况基金的收益率为0.35%时，其年复合收益率为4.3%，这样的收益率在同类基金中显得极为突出。

有趣的是，尽管基金经理继续超越富时综合指数并以其投资"风格"

● APPENDIX 2 / 附录 2

增加价值,但"规模"图显示,自2002年以来,基金经理并没有通过选股增加价值。这样的事实本身并没有告诉我们基金存在问题,但投资者应当质疑的是,分拆该基金导致投资组合发生了变化。

结论

与大多数基金经理一样,富达特殊情况基金经理的投资风格并没有发生多大的变化。推动基金业绩的是安东尼·波顿选股的成功,而不是他的投资风格。尽管他是投资大师,但他预测风格变化的能力,即预测什么时候价值型投资取代成长型投资或者什么时候市场的中小盘股业绩优于大盘股,并不比别人强。

我们的定量评估显示,自1990年以来,安东尼·波顿在投资时选择正确公司的概率非常高。在我们的考察期内,其选股收益的一致性、持续性和优胜幅度都是无与伦比的。

■ (3)克鲁斯·温特弗拉德证券公司(Close Winterflood Securities)的富达特殊价值基金分析报告(2004年9月)

克鲁斯·温特弗拉德证券公司投资信托基金分析报告	2004年10月22日
富达特殊价值基金	
英国—成长股板块 □ 安东尼·波顿以自下而上的选股方式管理该基金,其投资重点是价值被市场低估的企业。 □ 该基金不是英国的主流基金,其投资组合严重偏向中小盘股(占组合的45%),19%的资金投向海外,其中13%的资金投向欧洲大陆股市,一小部分资金投资于中国大陆、中国香港和美国。	

□ 该基金在不同市场条件下的业绩极为强劲，其资产净值5年期的增幅为106%，同比之下，其基准富时综合指数的资产净值减少了5%。
□ 安东尼·波顿得到的评价很高，但这只基金溢价销售，其明显的替代品是等效的开放式基金，除杠杆比率不同外，后者几乎提供了相同的投资组合。

■ 管理

经验丰富、大名鼎鼎的基金经理

自1994年发行以来，安东尼·波顿一直是该基金的经理，他经验丰富、大名鼎鼎，已在富达工作了近25年。此前他还管理富达欧洲价值基金和其他欧洲大陆货币资金，但在过去几年里，他的职责减少了，现在主要掌管以英国股市为投资目标的基金。他还是富达特殊情况基金（规模为40亿英镑）的经理，这只基金的管理风格与富达特殊价值一样。安东尼·波顿表示，他会继续管理这只基金到2005年初（至少），公众普遍认为他管理的时间会更长。

■ 投资过程和组合

偏向中小盘股

基金经理关注的重点是估值错误的股票，偏向于中小盘股。他只投资于市值超过1亿英镑的公司。其投资组合并不与其基准富时综合指数挂钩，各板块的权重是其自行选股的结果。他愿意采用逆向投资法，买入不被市场看好的股票。

近年来，安东尼·波顿变成了更加积极进取的股东，因为他认为这是增加投资价值的一种方法。因此，富达现在聘请了一位融资经理来协调股东的行动。

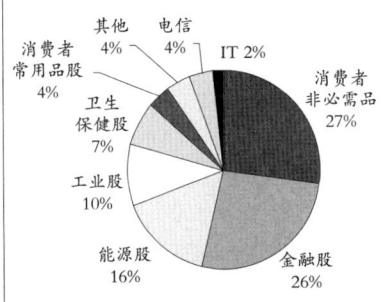

投资组合板块分解图

来源：克鲁斯·温特弗拉德证券公司2004年8月31日的分析报告

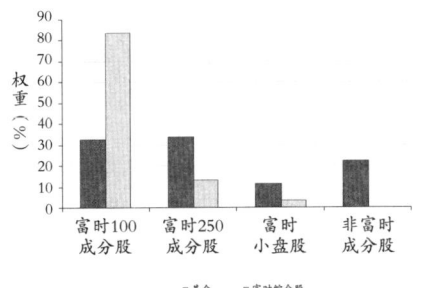

组合权重VS.基准成分股

来源：克鲁斯·温特弗拉德证券公司2004年9月30日的分析报告

该基金最多可将20%的资金投向英国以外的市场，目前的比例是19%，其中的13%投向了欧洲大陆股市。尽管安东尼·波顿不再管理专设的欧洲基金，但他仍然对该地区保持着浓厚的兴趣，并经常参加一些公司的会议。去年，他将一小部分资金投向了中国大陆（占投资组合的1.7%）、中国香港（占1.4%）和美国（1.8%）。

资产负债率

目前的负债率为净资产的16%，主要是固定利率负债，大部分为短期负债。董事会为该基金设置的最高负债率为25%。

■ 业绩

稳定、强劲的业绩

在过去的5年里，该基金在截然不同的市场条件下取得了强劲而稳定的业绩。然而，基金经理认为，他的投资风格比其他投资风格更适合特定的市场，因此他并不期望业绩能在每个季度都有所提高，而是认为业绩会出现"起伏"。例如，他认为偏向中盘股的基金在经济衰退期间会表现不佳，因为这个时候主要从事国内业务的小公司面临的经营条件最为严峻。

另外，由于以价值为导向，该基金在20世纪80年代中期和1997~1998年动量驱动的市场中业绩不佳，尽管由于企业经营水平和有利的板块主题，基金在1999年的业绩良好。

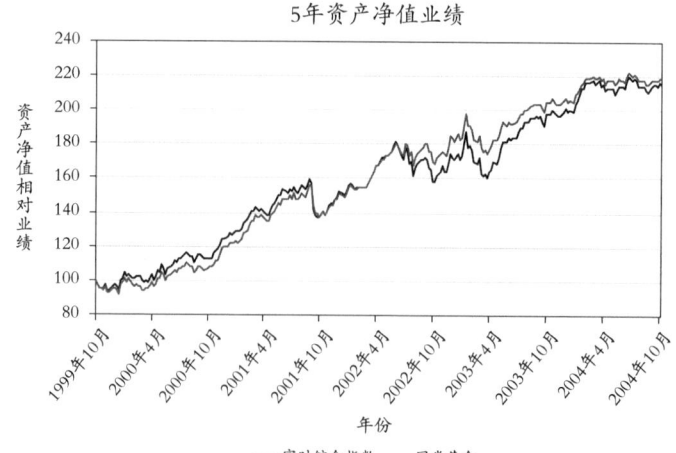

5年资产净值业绩

来源：克鲁斯·温特弗拉德证券公司，汤姆森金融数据流（Thomson Financial Datastream）

APPENDIX 2 / 基金分析师如何评价安东尼·波顿

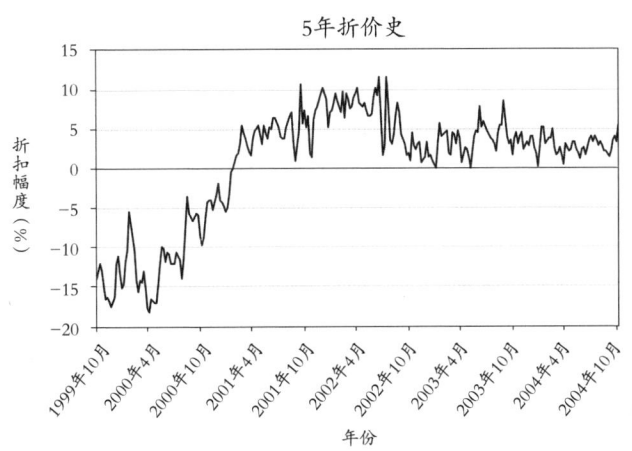

来源：克鲁斯·温特弗拉德证券公司，汤姆森金融数据流

■ 折价史

定期发行以满足市场需求

1999年初，该基金以20%的折扣价销售，但其强劲的资产净值业绩导致价格大幅调整，并在过去3年里实现了溢价销售。基金的持有人主要是私人客户，为满足市场需求，基金定期发行新份额，这反映出二级市场的流动性有限。今年以来，基金为此发行了近240万的份额。基金的溢价评级和强大的历史记录允许它参与企业活动。截至2003年底，基金发行了1 210万的份额以换取因两家信托投资公司重组而产生的3 900万英镑的资产。这两家公司分别是Go vett Strategic和德比信托（Derby Trust）。在剩余认股权证到期后，该基金于今年1月发行了300多万的份额。

■ 克鲁斯·温特弗拉德证券公司的观点

明显的替代品是等效的开放式基金

得益于经验丰富的管理层，该基金在不同的市场条件下取得了令人印象深刻的长期业绩。然而，它不是英国的主流基金，而且尽管它溢价发行，但其明显的替代品是等效的开放式基金，如富达特殊情况基金。该基金也是由安东尼·波顿管理的，除了负债率不同外，它们的投资组合几乎是一样的。

重要法律声明：本文档及其内容受http://www.closewins.co.uk上所载的法律免责声明的约束，在使用本文档及其内容之前，必须接受该免责声明。

● APPENDIX 2 / 附录 2

■ （4）标准普尔发布的有关富达特殊情况基金的评级报告（2004年10月）

标准普尔 投资风格 　　　　价值股　混合股　成长股 大盘股 中盘股 小盘股	富达投资基金——特殊情况基金 富达在英国授权的开放式投资公司（OEIC）子基金（成分基金） 报告发布日期：2004年10月 同类基金：英国成长型主流基金 集团联席电话：44800414181 网址：www.fidelity.co.uk 基金经理：安东尼·波顿（自1979年12月起管理该基金） 标准普尔AAA 标准普尔识别号码：SB038751 基本的股票类别： 所在地：伦敦 发行日期：1979年12月 基金规模：38亿英镑 详细信息参见基金费用和集团概况 本报告中的所有统计数据均截至2004年6月30日，以资产净值为比较基础，收入用于再投资，币种为英镑。

5年风险收益（标准差）

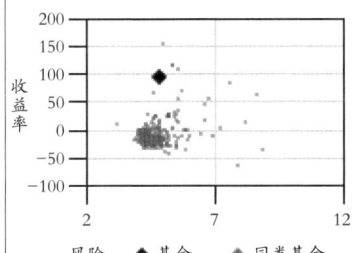

风险　◆ 基金　◆ 同类基金

3年风险特征

最大跌幅	低	−27.5
波动性	中	19.6
相关性	高	0.9
β值	中	1.0

标普的观点（2004年9月）

自1979年发行以来，安东尼·波顿一直担任该基金的经理，并在英国投资界保持了卓越的业绩记录。他为该基金的投资组合创立了一套独特的方法，而且自2001/2002年卸任欧洲基金经理一职后，他一直专注于该基金的运营。

波顿主要采用自下而上、以价值为导向的选股方法，其特点是偏爱不被市场看好的中小盘股，而且偏爱服务业而非制造业。他愿意将最高达20%的基金资产投向海外市场，通常是欧洲大陆，目前也投资于中国的多家公司。他近几年管理基金的唯一变化是，投资目标公司的市值限额稳步提高，目前约为1.5亿英镑，因为该基金的规模已超过了38亿英镑。有趣的是，这并没有导致基金持股数目的显著增加，也没有对业绩产生较大的负面影响。

波顿的投资风格一般在市场预期经济好转时效果最佳，而在经济衰退和动量驱动的市场中效果最差。然而，正如下面的图表所示的，在过去4年中的每1年以及2004年截至现在，该基金的收益位于同类基金的前10%，这反映了他和他领导下的分析师在各种市场条件下的卓越选股能力。波顿的专长和经验、他一贯坚持的缜密方法以及富达分析师们提供的支持为该基金持续获评AAA奠定了坚实的基础。

● APPENDIX 2 / 附录2

夏普比率对同行基金	事实档案
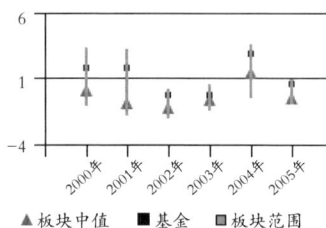	集团：富达国际有限公司（百慕达）及其美国子公司富达管理与研究公司（FMR）及其各自的子公司共同组成了富达投资集团，是全球最大的私人资产管理机构。 团队：富达在伦敦的团队由29位泛欧股票型基金经理和50多位研究分析师组成。在过去10年里，其分析资源增加了3倍多。 基金经理：安东尼·波顿拥有30年的投资经验，已在富达工作了25年。自2003年1月以来，他的主要工作是运营英国股票型基金和指导他人。 风格：其投资风格偏向于价值驱动的中盘股。基金经理偏爱5种情况下被错误估值的股票，更偏向于服务业而非制造业。 业绩：截至2004年6月30日的5年时间里，该基金的收益率为93.7%。行业的中位数为-12.2%，指数的收益率为-9.7%，其收益在314只同类基金中名列第6位。
历年十分位排名	基金经理和团队
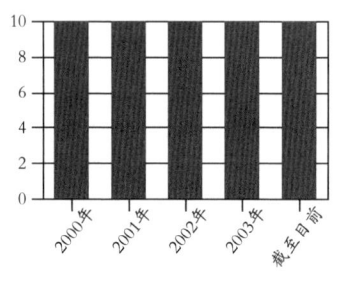	富达拥有29位泛欧股票型基金经理，他们管理着不同类型的基金，并得到了56位泛欧行业分析师的支持，这些分析师监测着约1 800家公司的动向。分析师们各有负责的板块，他们会走访公司，撰写股票和行业报告。基金经理都是通才，在与公司会谈时发挥着积极的作用。与富达特殊情况基金关系最为密切的人员包括：

在离散年度期间的十分位数排名。第1个十分位数显示为10级，第2个十分位数为9级，等于第10个十分位数为等级1。请参阅第2页了解研究分析师的资质信息。	安东尼·波顿：毕业于剑桥大学，主修工程与商业研究，曾在商业银行凯塞·厄尔曼工作，1976年转投施莱辛格，1979年进入富达。 弗里德里克·戈蒂埃（Frederic Gautier）：毕业于法国巴黎高等商业管理学院（ESLSCA），主修经济与金融，曾就职于IBM法国公司，1994年进入富达。自1996年以来一直从事基金管理工作。 蒂姆·麦卡伦：本科毕业于剑桥大学，主修自然科学，后在伦敦商学院获得MBA学位。于1993年加入富达，自1996年以来一直从事基金管理工作。2001年接管了安东尼·波顿的许多欧洲投资组合职责。
投资组合特征： 持股数目：190 周转率（%）：56 位于前十的概率（%）：24	富达投资基金——特殊情况基金 同类基金：英国成长型主流基金 标准普尔AAA
年度10大持股名单 | | % | |---|---| | 英国石油（BP） | 4.2 | | 独立电视 | 2.9 | | 凯恩能源 | 2.5 | | 壳牌石油 | 2.4 | | MMO2* | 2.3 | | 渣打银行 | 2.0 | | 英国天然气（BG） | 1.9 | | 希尔顿 | 1.9 | | 保诚* | 1.9 | | 爱尔兰联合银行 | 1.8 | 注：*表示1年前的10大持股。	管理风格 · 过去25年来，波顿已逐渐形成了价值驱动的、强烈偏向中盘股的投资风格。他持有较大公司的股票，但不持有市值在1.5亿英镑之下的公司股票，因为这样的股票流动性太强，而且对于近40亿的投资组合而言，这样的市值规模太小了。 · 错误估值的目标股票分为五大类：复苏股、资产折价股、行业异常股、未被意识到的成长股和企业潜力股，各类股票的权重随时间的推移而变化。服务业板块股优先于制造业板块股。

• APPENDIX 2 / 附录 2

	·尽管该基金以富时综合指数为基准,将至多20%的资金投资于海外市场(目前投资于欧洲大陆和中国股市),但其投资组合的一个最突出的特征是:该基金长期投资于斯堪的纳维亚国家的股市。 ·波顿得到了组织内分析师们的有力支持,但他也担任一些团队的导师,并将长期积累的经验传授给他们。他喜欢非传统的想法,并能在坏消息来临时尽早开展行动。 ·最初持有的股票约为25只,随着可信的股票增多,持股数目有所增加,最高的股票数目约为200只。 ·这位经理不使用金融衍生品。
资产配置分解(2004年7月1日)	对投资组合的看法

	指数%	基金比例%
基础工业	4	4
周期性消费品	—	—
周期性服务	15	29
金融	28	26
一般工业	2	3
信托投资	—	—
非周期性消费品	18	9
非周期性服务	11	5
资源	17	16
技术	1	2
公用事业	4	—
其他	—	3
现金	—	3

在过去12个月里,该基金的规模翻了一番,超过了38亿英镑,这导致波顿将投资重点放在了中盘股,目前这类股票占资产的35%,持有的富时小盘股成分股有所减少,目前比例低于11%。

最低规模上调是由于基金经理发现大中盘股更有价值,因此,基金持有的富时100成分股的比例从20%上升为超过35%。波顿买入了保诚(Prudential)、英杰华(Aviva)、壳牌和英国石油公司的股票,后者现在是组合中的最大成分股,占比为4.2%,但仍比在指数中的占比低3.8%。总体的持股数目约为190只。

	除渣打银行（Standard Chartered）和阿比国民银行（Abbey）外，该基金没有投资于其他银行，也没有投资于沃达丰和葛兰素史克。基金的海外投资（18%）集中于欧洲和一些中国公司。该基金通过香港和"A"股投资于中国大陆企业，投资的企业均属发展领域，包括博彩（希尔顿和威廉·希尔）、地产、医院和学校内成熟的私人融资项目。
业绩统计 | | 3年 | 5年 | |---|---|---| | 基金 | 25.3% | 93.7% | | 标准普尔同类基金中值 | −12.5% | −12.2% | | 指数 | −7.9% | −9.7% | | 基金排名 | 7/380 | 6/314 | | 标准差 | 19.6 | — | | 相对标准差 | 1.2 | — | | 调整波动性后的排名 | 6/380 | — |	业绩分析（2004年7月） 在过去的4年中，该基金每年的相对收益率都排在同类基金的前10%，开创了这一板块的最佳纪录。其业绩上一次排到后75%以内是在市场受动量驱动的1998~1999年。 其长期业绩也非常出色，这证明了波顿逆向/价值投资风格的成功。在稳步上升的市场中，这样的投资风格能产生最高的相对收益，而在衰退期或强动量市场上，其相对收益最差。波顿对价值股的界定很宽泛，包括相较于并购估值被低估的成长型公司。 过去12个月的成功得益于对保险和房地产的强烈偏向、在石油和资源板块的出色选股以及对周期性服务业板块的加倍增持。 比较成功的个股是凯恩能源（Cairn Energy）、卡尔顿（Carlton）（媒体）、希尔顿集团（博彩公司）和潘德拉贡（Pendragon）（汽车经销商）。

	2000年		2001年		2002年		2003年		2004年6月30日	
	%	排名	%	排名	%	排名	%	排名	%	排名
基金	26.1	7/331	3.8	10/365	−10.5	7/415	33.5	39/484	11.7	15/500
指数	−5.4		−12.7		−22.1		21.9		3.3	
中值	−3.9		−13.3		−23.7		20.1		3	

APPENDIX 2 / 附录 2

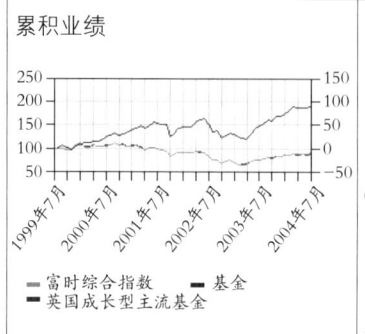

累积业绩

— 富时综合指数　— 基金
— 英国成长型主流基金

本研究报告中表达的所有观点都准确地反映了我们委员会对标的证券及其发行者的看法。委员会成员的薪酬与本研究报告中的具体建议和观点无任何直接或间接的联系。版权为©［2004］麦格劳－希尔公司（McGraw-Hill Companies, Ltd）下属的标准普尔公司所有，公司地址：伦敦金丝雀码头（Canary Wharf）加拿大广场（Canada Square）14街5号，电话：+44（0）20-7176 3800。版权所有，未经标准普尔的书面同意，任何人或机构不得将本报告中的任何部分复制、存储于任何检索系统中或以任何电子形式或其他形式传播。标准普尔的任何出版物（本页面所属部分）均可在符合条件或条款（标准普尔的条款）的要求下访问。想浏览本页面及其他页面的内容，请登录：http://www.funds-sp.com/terms.cfm?langid=1。

附录3：安东尼·波顿的年度10大持股名单

1981年	%	1982年	%	1983年	%
帕雷苏拉玛公司（Pleasurama）	4.5	以色列化工集团（ICL）	7.4	帕雷苏拉玛公司	6.0
韦斯特兰公司（Westland）	3.7	石油有限公司（Petrocon）	5.9	以色列化工集团	5.9
巴克和多布森公司（Barker & Dobson）	3.4	摩本公司（Moben）	5.7	摩本公司	4.6
英国土地公司（British Land）	3.3	帕雷苏拉玛公司	5.0	沃尔沃斯公司（Woolworth）	4.5
挪威天然气公司（Norgas）	3.2	伦敦和利物浦信托基金（London & Liverpool Trust）	4.7	曼彻斯特通航运河（Manchester Ship Canal）	4.4
城镇公司（Town & City）	3.2	格雷格航运公司（Graig Shipping）	3.6	布莱克伍德霍吉公司（Blackwood Hodge）	4.1
隧道控股（Tunnel Holdings）	3.1	乐瑞恩公司（L Ryan）	3.5	卡斯公司（CASE）	3.8
鲍沃特公司（Bowater）	2.9	标准工业公司（Standard Ind）	3.3	FNFC公司	3.6
里尔登·史密斯公司（Reardon Smith）	2.8	汉普顿信托（Hampton Trust）	3.3	李·库珀（Lee Cooper）	3.4
摩本公司	2.6	巴克和多布森公司	3.0	乐瑞恩公司	3.2

APPENDIX 3 / 附录3

1984年	%	1985年	%	1986年	%
贝尔资源公司（Bell Resources Opts）	5.2	英国电信（British Telecom）	5.3	蒙特爱迪生公司（Montedison）	4.7
泰鼎电视（Trident TV）	4.7	格拉坦公司（Grattan）	4.7	FNFC公司	4.0
梅西港口（Mersey Docks）	4.3	雅芳橡胶（Avon Rubber）	4.4	伯纳德·马修斯公司（Bernard Matthews）	3.8
阿姆斯特朗设备公司（Armstrong Equipment）	4.0	海斯特艾尔公司（Hestair）	4.4	海斯特艾尔公司	3.8
李·库珀	3.9	阿克提娜（Actinor）	4.2	卢卡斯工业	3.8
挪威天然气公司	3.9	FNFC公司	4.2	约翰逊·弗斯·布朗（Johnson Firth Brown）	3.8
L得克萨斯宠物（L Texas Pet）	3.5	卢卡斯工业（Lucas Industries）	3.2	瑞贝克（Raybeck）	3.3
托泽·肯斯利（Tozer Kemsley）	3.3	冈格·罗夫（Ganger Rolf）	3.0	赫威登－斯图亚特（Hewden-Stuart）	3.1
维塔龙（Vitatron）	3.2	李·库珀	2.7	格拉坦公司	2.8
FNFC公司	3.0	豪格·鲁滨孙公司（Hogg Robinson）	2.7	奥罗拉（Aurora）	2.6

1987年	%	1988年	%	1989年	%
维克斯造船与工程有限公司（VSEL）	3.9	哈夫斯伦公司（Hafslund）	4.0	安全服务公司/怡和保安公司	6.4
克劳瑞德集团 Chloride	3.6	梅西港口	3.8	磁力公司（Magnet）	3.5

（续表）

1987年	%	1988年	%	1989年	%
安全服务公司	3.5	安全服务公司/怡和保安公司	3.6	英国宇航公司（British Aerospace）	3.5
波力·派克公司	3.5	西班牙集团公司（Torras Hostench）	3.3	劳埃德银行（Lloyds Bank）	3.3
磁力&南方公司（Magnet & Southerns）	3.2	大西洋计算机公司	3.2	伦敦周末电视台	3.2
安珀瑞科特计算机公司（Apricot Computers）	3.2	乐富门公司（Rothmans）	3.2	TV-am电视台	2.6
泰晤士电视台	3.0	波力·派克公司	3.1	乌尔特拉马公司	2.4
霍利集团（Hawley Group）	3.0	磁力公司	2.9	波力·派克公司	2.3
海斯特艾尔公司	2.5	米特兰银行（Midland Bank）	2.8	维克斯造船与工程有限公司（VSEL）	2.2
德布伦投资（Debron Investments）	2.5	乌尔特拉马公司（Ultramar）	2.7	艾肯公司（ELKEM）	2.1

1990年	%	1991年	%	1992年	%
安全服务公司/怡和保安公司	4.6	科洛尼亚公司	4.6	格拉纳达公司（Granada）	3.8
阿比国民银行（Abbey National）	4.0	阿比国民银行	3.8	威克斯公司（Wickes）	3.6
艾希礼集团（Ashley Group）	2.7	艾希礼集团	3.4	英国机场集团（BAA）	3.6
乌尔特拉马公司	2.6	德拉鲁集团（De La Rue）	3.0	安全服务公司/怡和保安公司	3.3

● APPENDIX 3 / 附录3

（续表）

1990年	%	1991年	%	1992年	%
科洛尼亚公司（Colonia）	2.6	乐富门公司	2.7	圣詹姆斯地方	3.0
帕克菲尔德公司（Parkfield）	2.5	墨西哥电话公司	2.5	米特兰银行	2.9
劳埃德银行	2.3	维克斯造船与工程有限公司	2.2	韦塞克斯供水公司（Wessex Water）	2.8
墨西哥电话公司（Telefonos de Mexico）	2.1	欧洲隧道（Eurotunnel）	2.1	苏格兰电视台	2.6
乐富门公司	2.1	苏特公司（Suter）	2.1	伦敦周末电视（LWT）	2.5
巴克莱银行（Barclays Bank）	2.1	北美西部公司（Western Company of North America）	1.9	中部电视台	2.5

1993年	%	1994年	%	1995年	%
安全服务公司/怡和保安公司	5.7	安全服务公司/怡和保安公司	5.6	安全服务公司/怡和保安公司	5.4
新闻国际公司（News International）	3.6	威克斯公司	3.0	伦敦国际集团	3.1
韦塞克斯供水公司	3.5	WPP集团	2.8	FNFC公司	2.7
威克斯公司	3.4	镜报报业集团（Mirror Group Newspapers）	2.7	威克斯公司	2.5
奥利弗拉姆国际公司（Oriflame International）	3.2	新闻国际公司	2.6	特易购	2.4
博顿公司（Burton）	3.1	FNFC公司	2.5	新闻国际公司	2.4

APPENDIX 3 / 安东尼·波顿的年度10大持股名单

（续表）

1993年	%	1994年	%	1995年	%
维克斯造船与工程有限公司	3.1	安格利亚电视台（Anglia TV）	2.3	伦敦俱乐部国际	2.4
生化制药公司（Biochem Pharmaceutical）	3.1	康乐福赌场	2.3	贝里斯福德国际	2.3
WPP集团	3.0	埃克特公司（ACT）	2.2	生化制药公司	2.2
圣詹姆斯地方资本（St James's Place Capital）	3.0	特易购	2.2	WPP集团	2.1

1996年	%	1997年	%	1998年	%
安全服务公司/怡和保安公司	4.5	力米特（LIMIT）	2.7	力米特	3.2
威克斯公司	3.8	贝里斯福德	2.4	贝里斯福德	3.1
T&N	2.6	迈盛仕公司	2.2	奥利弗拉姆国际公司	2.6
伦敦俱乐部国际	2.4	温布利公司（Wembley）	2.1	萨默菲尔德公司（Somerfield）	2.6
新闻国际公司	2.4	Man ED & F公司	2.1	Man ED & F公司	2.5
奥利弗拉姆国际公司	2.3	微焦点公司（Micro Focus）	2.0	微焦点公司	2.4
迈盛仕公司（Misys）	2.3	奥利弗拉姆国际公司	1.9	迈盛仕公司	2.1
赛艺公司（Psion）	2.2	T&N公司	1.9	温布利公司	1.7
贝里斯福德	2.1	APV公司	1.7	德拉鲁集团	1.7
镜报报业集团	2.0	WPP集团	1.6	哈兹伍德食品公司（Hazlewood Foods）	1.5

203

● APPENDIX 3 / 附录3

1999年	%	2000年	%	2001年	%
贝里斯福德	3.2	细胞技术粒子螺旋藻科学公司（Celltech Chiroscience）	2.0	爱尔兰银行（Bank of Ireland）	2.7
力米特	2.9	庄信万丰公司（Johnson Matthey）	2.0	里德国际（Reed International）	2.1
Man ED & F公司	2.4	力米特	1.9	英国机场集团	2.1
德拉鲁集团	2.4	卡迪姿公司	1.7	加拉赫公司（Gallaher）	2.0
路透集团（Reuters）	2.3	贝里斯福德	1.7	英国能源公司	2.0
冰岛集团（Iceland Group）	2.2	西夫韦公司（Safeway）	1.7	西夫韦公司	1.9
温布利公司	1.9	德拉鲁集团	1.6	诺瓦（Novar）	1.9
豪格·鲁滨孙公司（Hogg Robinson）	1.8	自主软件公司（Autonomy）	1.6	皇家太阳联合保险公司（Royal & Sun Alliance）	1.9
科威尔系统有限公司（Kewill Systems）	1.7	温布利公司	1.6	卡莉莲建筑公司（Carillion）	1.8
伦敦俱乐部国际	1.6	布克尔公司（Booker）	1.6	加尔邦—毅联汇业公司（Garban-Intercapital）	1.8

2002年	%	2003年	%	2004年	%
爱尔兰银行	2.1	西夫韦公司	4.3	英国石油	4.9
联合利华（Unilever）	2.0	阿姆林公司	2.4	渣打银行	3.1
西夫韦公司	1.9	MMO2游戏公司	2.3	英国天然气集团	3.1

（续表）

2002年	%	2003年	%	2004年	%
里昂信贷银行（Credit Lyonnais）	1.9	联合利华	2.2	ITV	2.7
安特普莱斯石油公司（Enterprise Oil）	1.9	惠灵顿保险公司（Wellington Underwriting）	1.8	凯恩能源	2.7
温佩乔治公司 Wimpey George	1.9	英国大东电报公司（Cable & Wireless）	1.7	希尔顿集团	2.4
伦敦证券交易所（London Stock Exchange）	1.9	SSL 国际	1.6	爱尔兰联合银行（Allied Irish Banks）	2.3
加拉赫公司	1.9	信安金融（Provident Financial）	1.6	兰德证券集团（Land Securities Group）	2.0
卡尔顿公司（Carlton）	1.8	萨默菲尔德公司	1.6	MMO2 游戏公司	2.0
英国能源公司	1.6	保诚集团（Prudential）	1.5	英国电信（BT Group Plc）	2.0

2005年	%	2006年	%
罗氏控股	4.7	英国石油	5.9
英国天然气集团	4.4	里德·爱思唯尔	5.0
英国石油	3.9	特易购	4.4
英国土地公司	3.7	阿斯利康	4.0
里德·爱思唯尔	3.6	葛兰素史克公司	3.6
渣打银行	3.5	罗氏控股	3.0
葛兰素史克公司	3.4	ITV	3.0
凯恩能源	3.2	路透集团	2.7

（续表）

2005年	%	2006年	%
ITV	3.2	渣打银行	2.4
挪威国家石油公司（Statoil ASA）	3.1	阿姆林公司	2.1

10大持股表注释：	
1. %=基金资产的比例	
2. 评估日期	
1981年	5月1日
1982年	9月5日
1983年	3月14日
1984年	3月5日
1985年	3月12日
1986年	3月21日
1987年	3月23日
1988~1998年	3月5日
1999~2003年	2月28日
2004年	12月31日
2005年	12月31日
2006年	8月31日

附录4：富达与其投资的公司间的关系

2004年7月，安东尼·波顿接受了《投资者关系》杂志的采访，该杂志主要关注的是欧洲的投资者关系。此次采访中，安东尼·波顿谈论了富达建立和维护与其投资的公司之间关系的方式，并就当前的一些公司治理问题发表了自己的看法。经该杂志出版商卡斯宾出版公司（Caspian Publishing）许可重印（更多信息参见网址www.realir.net）。

■ 与所投资公司的管理层会谈

我们维护与投资公司之间关系的主要方法是与其高管进行一对一的会谈。去年，我们的泛欧州团队与已投资的公司举行了2 600次例行会议。我们认为，没有其他基金公司像我们一样与投资的公司有如此多的接触，而且我们认为，我们对信息的要求是严格、公正和专业的。除了这些例行会议之外，我们还作为整体，与公司召开了120次会议以讨论公司治理问题，我们通常与公司的董事会主席、非执行董事或顾问进行会谈。

会议有两类，第一类占大多数，通常由公司或其财务顾问发起。第二类由我们或第三方发起。公司在考虑做出影响其走向的重大决策而我们作为大股东想提供建议时，就会召开第一类会议。我们喜欢参与公司

● APPENDIX 4 / 附录 4

重大的决策，例如有关公司方向、重大的收购、董事会大变动、激励和薪酬计划等方面的战略决策。我们总是尝试着在可能的地方用我们的股份投票，而且，当一家公司打算做出变革时，我们希望与之直接对话。我们认为这是负责任的股东应尽的职责。公司要求我们给予反馈时，如果我们有什么看法（不总是有），就会提出来。

■ 寻求改变

第二类会议比较罕见，但更有可能成为媒体炒作的主题。大多数时候我们对投资的公司感到满意，但有少数公司总是表现不佳，此时我们不会卖出其股票，而是选择以其他方式促使公司进行内部变革。一般来说，我们并不试图改变公司的运营方式，所以运营方式的改变是特例而非惯例。在这种情况下，我们总是与跟我们持相似观点的其他大股东联合采取行动。

去年，大约有50个这样的例子。我们对公司进行了干预，发挥了变革催化剂的作用。这样做非常耗时，因此，需要一个基础框架作指导。我们认为，基金经理花大量时间做这样的事情不太好。几年前，我们招聘了一位财务总监，他现在总揽这类事务。他可以坐在"信息长城"（Chinese wall）的后面，在不影响富达整体运营的情况下获取价格敏感信息。然后他通常会决定促使组织发生改变，但这是他的责任，而非基金经理的。

APPENDIX 4 / 富达与其投资的公司间的关系

- **奉行积极主义的理由**

投资的主要动机是自身利益。我们的投资风格偏向于中小公司。这些公司的大股东通常有两三个，我们往往是其中之一。买入或卖出股票耗时且成本高昂，因此，当一家公司的业绩开始下滑时，作为大股东的我们会认为公司的某些方面需要改善，而不是"我们不同意公司目前的做法，那就卖掉它的股票吧"。我们的态度是，为什么不去改变它呢？我们认为这符合所有股东的利益。与此同时，我们的一些机构客户也要求我们变得更加积极主动。我们也觉得政府和监管部门也希望我们作为机构股东能采取更加积极主动的措施。

- **关于独立电视台合并事件**

有个最重要的事情需要说明，格拉纳达和卡尔顿合并时发生的一切完全不是我们的惯常做法。首先，我们99%的行动是私下进行的，我们认为这是最佳的方式。通常情况下，我们不会对媒体就这类问题发表意见。我们只是在信息泄露出去后才向新闻界介绍ITV的事宜，这样做的目的是阐述我方的观点以平衡舆论。极不寻常的另一点是，所有的一切都与富达内部的一个人有关，这根本就不是我们的行事风格。之所以出现这样的情形是因为有一个人将信息泄露给了媒体，我们之前征求过其意见并在去年夏天与之交流过，发生这样的事情很不幸，但我就这样置身于旋涡中了。

● APPENDIX 4 / 附录 4

■ 关于通常的公司治理

总的来说，我们崇尚务实的做法而不会拘泥于条条框框的限制。我们不会说："这些就是规则，你必须都遵守。"我担心一些人会认为墨守成规比统揽全局更重要。我们所关心的是董事长，不是非执行董事，也不是前任CEO。我们认为，许多问题的根源在于问题所在地。我们也喜欢回购股票，例如，当一家公司要进行收购时，我们的观点是，公司应该以回购股票的方式测试一下收购方案的有效性。我们在去年发布的文件中已明确阐述了这一原则及其他原则。

■ 你干预的成功率有多高

我不太确定我们干预的50个案例中有多少是成功的，但我敢说大多数是成功的。干预的效果通常也不是泾渭分明的。去年有一家公司向我们提出了一项新的股权激励计划，我们认为该计划对高管太慷慨了。我们向公司反馈了这一意见，他们征求其他两三个股东的意见时也得到了类似的回复，最终他们放弃了这一计划。这样的事情从未公之于众。从我们的角度来看，静悄悄地做事是理想的方式。

我们不想对细枝末节的事情做出决策，我们想参与对我们而言是根本性的事务。假设一家公司有3个主要的业务领域，其中一个领域的收益不如其他两个，该公司应该继续经营这项业务吗？下一步应该进入法国或德国市场吗？我们不关心细节，只关心战略性问题。如果一家公司分拆成两家能得到更好的估值，我们就会对此类议题进行论证。

我们参与的另一个例子是，一家公司引入了新CEO，这位CEO制定了新的业务经营计划，虽然计划听起来会运行良好，但几年后不会产生任何效果。我们向公司管理层建议，他们最好的做法是将该业务出售，他们听从了我们的建议。我不认为我们会因此得到感激。

- **你喜欢什么时候参与此类决策**

我觉得我们随时可以。如果你事先知道公司正对某项战略进行审核，而且有了结果会对外公布时，你就不会想先发制人。在结果出现之前你不必急匆匆地插手。我认为在封闭期间或者结果出现之前召开会议是理所当然的做法。

- **关于高管薪酬**

我认为政府里有些人觉得我们能决定高管的绝对薪酬水平，但这很困难。我们更关心的是如何避免为失败支付薪水。重要的是将薪酬与成功联系起来。我们的指导原则是，不能仅因股票在短期内上涨就施加奖励，还要确保将企业的长期成功和高管的薪酬水平挂钩。

- **基金经理是否必须披露自己的薪酬**

我不明白，为什么一些人［如约翰·班纳姆爵士（Sir John Banham）］选择进入薪酬公开的行业，就有权要求薪酬保密行业的从业人员也公开薪酬信息，当然，这只是我个人的观点。一般来说，我们希望业绩出色的人得到高薪。经营公司的人应当得高薪，因为他们肩负着经营职责。

APPENDIX 4 / 附录 4

我们的工作是努力确保各项参数正确,这样当股东的表现非常糟糕时,经营公司的人也不会表现得很好。

■ 英国公司如何管理他们的投资者关系

我想说,我们在英国很少遇到信息流和沟通方面的问题。欧洲大陆虽正在发生变化,但可能存在这些方面的问题。在某些国家,信息缺乏的问题更为突出。之前的很长一段时间内,丹麦最大的公司都不会见股东,现在已有所改观。

■ 对公司而言,良好的投资者关系有多大的价值

良好的投资者关系是非常宝贵的资产。大多数情况下我们会见的都是CEO或财务总监,或同时会见两人。如果投资者与所投资的公司沟通良好,双方得到了充分讨论和直接予以答复的授权,那么会见是非常有价值的。举个具体的例子,富达的分析师每2~3年就会变换一次负责的板块,这意味着我们总是有新的分析师需要快速了解公司做了什么,如何运作等,这些工作显然不能占用CEO的时间。与投资者关系团队举行一次长时间的会谈会大有帮助。另一种极端情况是,比如在一家意大利公司,一位非常漂亮的女士对业务一窍不通,回答问题时一问三不知。这样的会谈毫无用处!

■ 如何改善投资者关系

我们的一项要求是（已变得越来越普遍），当公司进行路演或与各类投资者举行会谈时，要做好会议纪要，并将要点传达给每位董事会成员，包括非执行董事。根据我们的经验，在传达的过程中会遗失一部分信息。通常情况下的传达途径是，股东告知顾问，顾问们竞相告知高管，但非执行董事总是被遗漏。

我们喜欢直接提供大部分反馈意见而不是通过中间人。有时候，传达的信息是公司不希望听到的，此时可通过中间人传达。我们在英国的系统稍微有些复杂，通常投资银行和经纪人会参与进来，这有时反而会使局面更加混乱。

■ 关于公司介绍

许多公司都将介绍放到了网站上，这是受欢迎的做法。我喜欢利用介绍的机会让公司回答我们不解的问题，而不是再次浏览公司介绍。我们想知道我们是否错过了一些信息或公司想补充什么要点。但由公司设定整个议程不是最佳的做法，他们往往会掩盖我们想要讨论的方面，而只讨论对他们有利的方面。

我非常重视开诚布公的对话，此时，公司好坏事皆谈，不掩饰，不炒作。事实上，我非常喜欢低调的人，不喜欢那些说得天花乱坠但最后无法兑现的人。

● APPENDIX 4 / 附录 4

从壳牌公司事件中可以吸取什么教训

壳牌公司事件是一个非常复杂的话题。壳牌有异常复杂的董事会结构，我的观察是，它是一家非常内向性的公司，董事会的非执行董事对公司的影响非常小。我认为，当问题出现时，若没有内部的审核和外部的监管，其管理模式就会存在风险。你可能会说，他们应该任命一位非执行董事长，但由于他们具有双重董事会结构，而且董事会由英国人和荷兰人组成，事情就没那么简单了。一般来说，我更喜欢单一的结构。我不是说双重董事会无法开展工作，而是说监管委员会必须对董事会肩负起应尽的职责，这样才能监督他们并得到合理的回应。

是否缺乏适合的、能胜任的非执行董事

是的，这正是我担忧的问题之一。从事这份工作可获得体面的报酬，但我必须要说，前些日子，我在向一家大型保险公司的董事长提出这个问题时，他说，工作中出现的问题和丑闻使人们不愿意担任非执行董事一职了。我们的政策是，从不派特定的人去上市公司的董事会任职，他只代表富达。然而，我们可能会让某个人代表所有的机构股东，而不是只代表我们加入某个机构。

INVESTING WITH
ANTHONY BOLTON

附录5：富达内部研究范例：威廉·希尔公司（William Hill）（2003年春）

挑选股票时，安东尼·波顿可参考富达内部50多名分析师的研究成果。下面展示了该公司的一份研究报告。研究对象是于2002年6月挂牌上市的博彩企业威廉·希尔公司。波顿在该公司首次公开募股时买入了它的一些股票，并于2003年大幅增持。当时（股价为227便士）内部分析师撰写的有关该公司的报告如下面几页所示。报告后还附有分析师整理的数据表格。富达的分析师在研究过程中还完成了许多附件，为公司运营的不同方面制作了模型（此处未显示）。富达有一个系统为投资的公司划分等级，等级依次为：1. 强烈建议买入；2. 买入；3. 持有；4. 卖出；5. 强烈建议卖出。

分析是一回事，是否买入还要靠波顿自己的判断。他总结的对威廉·希尔公司的感受是：

"我通常不会在公司首次公开募股时就大量买入，因为价格往往是卖方给定的，但威廉·希尔是个例外。上市时，它被视为一家稳定但无趣的企业，然而这正是我喜欢的类型，它能产生现金流，且拥有相当不错的特许经营权。然而，2003年让我做出大量买入决定的是，我认识到固定赔率投注终端机有可能改变企业的经济状况。""我曾与一位博彩公司的高管会面，他对我说，固定赔

● APPENDIX 5 / 附录5

率投注终端机可能是他职业生涯中见过的最重要的行业发展。他的话让我为之一振,我把它牢记在心头。基于此我买入了威廉·希尔的股票,它是我的主要投资者主题'未被意识到的成长股'的一个好例子。此外还有一个事实,那就是网络博彩业似乎正在兴起。当时仍存在很多不确定因素,主要是监管风险。然而,我认为该企业的发展潜力值得我冒险一试。股票的评级并没有完全反映出该企业的发展潜力。"

APPENDIX 5 / 富达内部研究范例：威廉·希尔公司（William Hill）（2003年春）

伦敦		投资报告	富时板块：休闲&酒店业		
等级评定：1（2）			MSSP板块：酒店、餐饮&休闲业		
当前股价：227便士			威廉·希尔公司（WLHL）		
			市值：14.95亿美元		
			SHAH, PARUS（8-727-4354）		

- 较高的赌马业务利润+固定赔率投注终端机（FOBTs）——等级提升为1级

英国——美元兑英镑汇率：0.64			截止日期：2003年4月2日		
净发股票（百万）		421.8	富时综合指数（英国）成分股比例		0.09%
自由浮动股票比率		—%	MSCI欧洲成分股比例		0.00
当前股息收益率		3.9	占有比例/允许比例		■
每股账面价值		59.30	可用股票（百万）		9.7
市净率		3.83	长期债务占总资本的比例		82.5%

会计年度（31日截止）	2001A	2002A	2003E	2004E	2005E	2003E第4季度
销售额（百万）	2 452.0	3 365.0	4 467.0	4 967.0	5 326.0	—
收入增长率	——%	37.2%	32.8%	11.2%	7.2%	—%
税息折旧及摊销前利润率	5.3	4.7	4.0	4.0	4.1	—
股东回报率	—	—	—	—	—	—
已动用资本回报率	—	10.7	14.0	15.3	16.7	—
每股盈余（富达估值）	—	17.80	21.20	24.60	28.20	—
每股盈余（华尔街估值）	—	—	20.22	22.37	—	—
每股净股息						
市盈率	—x	12.8x	10.7x	9.2x	8.1x	
企业价值倍数		10.7	8.5	7.5	6.6	
企业价值/销售额						

板块相对等级评定。财务注释：

业务描述

经营有执照的投注站（LBO）、电话和在线投注业务。经营各种体育活动和其他活动的博彩业务。

● APPENDIX 5 / 附录5

> **投资主题**
>
> 1）7%~9%的中期收入增长是由5%~6%的投注站基本投注业务收入增长和FOBTs及在线博彩业新收入推动的，这转化为高于15%的每股盈余增长率。
> 2）2003年的每股盈余（EPS）估值比华尔街的估值高5%，2004年高10%，因为我更看好2003年赌马业的利润（10%的费用+投注交易导致更高的利润）+从FOBTs获得的息税前利润。2004年，我更看好电子销售点（EPOS）对运营利润的影响。
> 3）从增长前景来看，估值是诱人的，股票交易额为2003年盈利的10.9倍，为2003年自由现金流（FCF）的8.5%。股票交易具有防御性，但华尔街估值已连续3年上涨，预计每股盈余和市盈率的提高会导致业绩提高。价格目标是300便士=14x×2003年盈利（提高32%）。

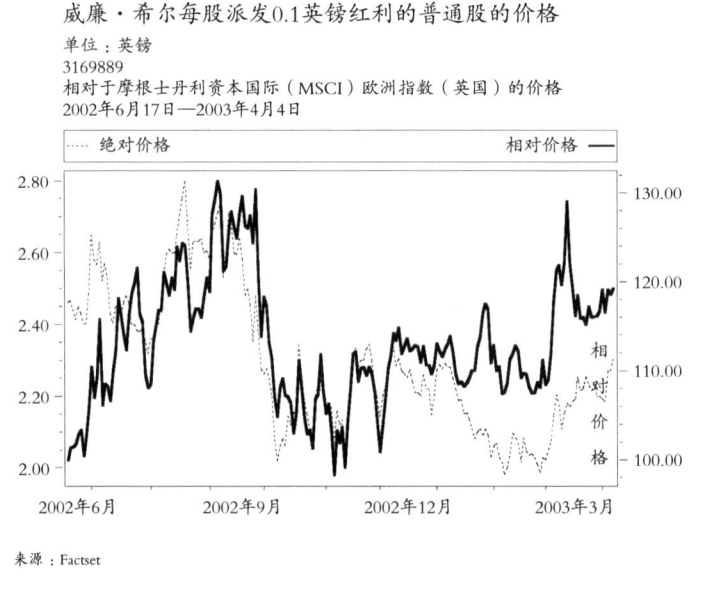

来源：Factset

APPENDIX 5 / 富达内部研究范例：威廉·希尔公司（William Hill）（2003年春）

新闻和展望

2003年开局强劲：开年前9周，总彩金同比增长了20%，这得益于零售基础投注额8%的增加、网络和广受欢迎的固定赔率投注终端机投注额20%的增加。3月份遭受轻微损失，因为许多赌客在切尔特姆（Cheltham）赌赢了。博彩公司的损失细分如下：立博集团（Ladbrokes）220万英镑、威廉·希尔150万英镑、帕迪鲍尔（Paddy Power）50万英镑（数据来自各个公司）。

投注店：2003年计划开设20家新店。由于2004年夏对博彩业的管制放松，获得新执照变得更加容易了（需证明某个地区的需求未得到满足）。此外，管理层正寻求重置40个站点。预计店面的各项业务会得到更加积极的管理，因为这样才能使业绩不佳的店铺阻止竞争对手获得新的业务许可。

除了帕迪鲍尔在英国进行扩张以外（计划到2003年底使店面扩张为12家），我预计未来3年内不会有太多来自其他公司的竞争，因为新进入者需要至少开立100家店面、拥有在线+电话业务+大量的营销支出才能与行业内现有的公司展开竞争。
就2003年来看，由于店铺数量增加了2%、每家店铺赌注额增加了4%以及利润率略有降低，我估计总彩金同比会增加5.5%。由于较低的足彩组合增长率（没有世界杯）抵消了赌马利润的增长（加收10%的费用），再加上对博彩交易开征新税，彩金利润率会下降10个基点，变为17.7%。上行风险仍然存在。由于净收入、租金+工资增加，成本提高了6%，我认为LBO的息税前利润同比会增长2.6%。

电话业务：2002年上半年，不算世界杯增长率为正，但下半年与上半年相比几乎没有增长，增长率低于预期，这是因为威廉·希尔和其他公司为了鼓励客户使用网络，对电话业务设定了最小的投注额（通过电话投注比通过网络投注高出10%的处理成本）。就2003年来看，我认为总彩金会增长5%（2002年的增长率为5.9%），且息税前利润同比增长9.2%（平均投注额增加导致了较低的成本增长率）。

在线业务：由于受到中国香港特区政府的打击，投注者难以在海外网络游戏网站上使用信用卡，2002年下半年的增长低于预期。2002年有10%的收入来自中国香港，估计2003年公司业绩会遭受进一步的不利影响。

2003年的大利好消息是：
· 总利润更高：由于有利于足球的赌注组合+较弱的初创公司关闭，所有在线网站的毛利润一直在提高。
· 赌场彩金增加：与一些公司交流后发现，对体育/赛车活动下注的赌客和在赌场里赌博的赌客存在大量交叉。
· 经营杠杆：在增量处理成本极低的情况下开始使用经营杠杆——2002年，威廉·希尔的网络业务息税前利润率从3.4%增加为5.3%。

• APPENDIX 5 / 附录5

就2003年来看，我预计网络业务获得的彩金同比会增加10.5%，达到6 060万英镑，息税前利润同比增加16.5%，达到2 390万英镑。管理层正寻求在2003年实现彩金20%以上的增长。由于中国香港特区政府措施的负面影响，我对这一目标持谨慎态度。据我估计，上行风险仍然存在，特别是当第1季度推出的新扑克牌游戏爆火时。

固定赔率投注终端机：2002年下半年贡献了800万英镑的彩金和400多万英镑的息税前利润。目前每台机器每周获得的息税前利润为220英镑。2002年12月，有1 820台机器投入了使用，截至2003年3月，投入使用的机器已达到了2 000台。这意味着每年这些终端机会产生2 200万英镑的息税前利润。目前我估计的息税前利润是1 750英镑（比2 200万英镑低了20%），因为我认为，随着人们对新事物的好奇心减弱，息税前利润会有所减少，当然这只是我的保守估计。因为与投注者的交流表明，随着投注者越来越熟悉终端机，它们的人气可能会越来越高。

关于固定赔率投注终端机测试案例的最新信息：测试案例的听证会将于夏季进行。博彩委员会（Gaming Board）想禁止店面运营轮盘游戏，这涉及赌场与博彩商店的业务之争，因为这种游戏也是一种结果在场外确定的固定赔率赌博。拥有赌场+博彩店的史丹利文娱（Stanley Leisure）正大力发展博彩店。一旦案件确定，它就会被提交上级法院审理，直至2004年夏才会做出最终裁决。

关键的是媒体和文化服务部（Department of Media & Culture Services, DCMS）对这些机器的看法。来自DCMS的官员上周查看了FOBTs，他们的意见是，测试案例无法在2004年夏之前得到解决，这无关紧要，因为FOBTs将被纳入2004年夏的博彩放松管制计划。FOBTs将被视为博彩机，根据放松管制之后的限制性要求，每家店面允许投入运营的机器最多为4台，最高彩金为500英镑。轮盘赌游戏不是问题。若果真如此的话，这对投注店是大利好消息。

投注交易：自4月1日起，必发（BetFair）必须按投注者下注金额的10%缴税，但其获得的佣金仅为投注额的3%。当然场内的赌客也必须支付10%的税额。除此之外，有不明来源的消息称，政府可能对通过投注交易机构投下的赌注征收15%的毛利润税。这为必发与场外博彩企业提供了公平竞争的环境。

上述因素至少会对场外下注的赌马业的利润产生10%的影响，更重要的是，旧税加新税必将摧毁必发的商业模式。离岸经营以避免15%的毛利润税能够抵消部分损失，但我认为这还不够。

APPENDIX 5 / 富达内部研究范例：威廉·希尔公司（William Hill）（2003年春）

设立电子销售点：在2004年和2005年设立之前，管理层将于2003年第4季度进行初步测试。鉴于立博集团在2002年下半年设立电子销售点后息税前利润大增的重大利好经验（利润率从26%飙升到51%），威廉·希尔也打算积极推动这项业务。目前为此项业务安排的资金细分如下：2003年为700万英镑、2004年为1 400万英镑、2005年为1 400万英镑。

养老金赤字：负债为1.3亿英镑，资产为9 000万英镑，因此赤字为4 000万英镑。资产配置为95%的股票和5%的债券。由于赤字，员工成本从2003年开始每年增加100万英镑。

估值/意见

综合考虑2002年的业绩及与管理层的会谈情况，预计2003年的每股盈余（EPS）会提高1%，达到21.2，2004年会提高3%，达到24.6。鉴于增长前景估值诱人，2003年的市盈率为10.9x，自由现金流收益率为8.5%。股票交易具有防御性，但由于华尔街估值已连续3年上涨，预计每股盈余和市盈率提高会导致业绩提高。价格目标是300便士＝14x×2003年盈利（增加32%）。

风险：CVC资本和盛峰公司（Cinven）之前持有18%的股份，现在可以自由出售（2002年财报公布之后即可）。鉴于两公司的合作伙伴从事的业务与威廉·希尔的接近，在从FOBTs中获得正收益之前（反映在股价中），他们不太可能出售持有的股份。现在看没什么风险，但要留意2003年年底。

- APPENDIX 5 / 附录 5

威廉·希尔		价格（便士）：216.5 股票发行：428.8 市值（百万英镑）：928.4 企业价值：1432			自由现金流收益率：7.0% 股息收益率：4.0% 等级：2		
截至当年12月31日	1999年	%	2000年	%	2001年 上半年实值	2001年 下半年实值	2001年	%

	1999年	%	2000年	%	2001年上半年实值	2001年下半年实值	2001年	%
持照投注站（LBOs）								
店面数量（期末时）							1537	
店面数量（平均）							1537	
滞点（百万英镑）	235		227	-3%			249	9%
赌注/投注单	6.22		6.44	4%	758.0	935.0	6.81	6%
营业额	1461		1463	0%	758.0	935.0	1693	16%
彩金	337.3		352.2	4%	195.7	187.6	383.3	9%
彩金比例	23.1%		24.1%		25.8%	20.1%	22.6%	
征税	-15.3		-16.3	6.5%	-8.4	-11.0	-19.4	19.0%
毛利润税（以前的收入）	-98.7		-98.8	0.1%	-50.9	-43.7	-94.6	-4.3%
征税后的贡献毛利	223.3		237.1	6.2%	136.4	132.9	269.3	13.6%
一次性利益—世界杯								
一次性成本（养老金、图片等）								
直接员工成本	-79.5		-82.5	3.8%			-91.8	11.3%
其他直接成本	-89.3		-91	1.9%			-103.9	14.2%
总成本	-168.8		-173.5	2.8%	-93.1	-102.0	-195.1	12.4%
净交易利润	54.5		63.6	16.7%	43.3	30.9	74.2	16.7%
有奖娱乐（AWPs）								
安装的机器	2773		2879	3.8%			2969	3.1%
现金收入（每箱/周/机）	212.0		213.0	0.5%			213.0	0.0%
营业额（彩金减增值税）					13.7	14.7	28.4	
包括增值税的现金收入（彩金）	30.6		31.9	4.3%	16.1	17.3	33.4	4.7%
机器税	-1.7		-1.8	5.9%			-2.0	11.1%
增值税	-4.6		-4.7	4.3%			-5.0	5.1%
总机器税/增值税	-6.3		-6.5	4.7%	-3.4	-3.6	-7.0	
报告的营业额和贡献率	24.3		25.3	4.2%	12.7	13.7	26.4	4.2%
净交易利润	17.6		19.0	8.1%	9.4	10.1	19.5	2.5%
FOBTs—增量息税前利润								
店面总交易利润（LBO和AWP）					52.7	40.5	93.2	
网络								
体育类博彩								
积账户数量（截止期末）							100000	
平均积极账户数量	6800		71000				97500	37.3%
下注人/客户/每年	42		60	42.9%			97	61.7%
赌注/下注单	35.7		29.8	-16.4%			27.6	-7.5%
营业额	10.2		127.1				260.8	105.3%
彩金/客户/每年	89		143	60.7%			232	62.2%
衍生彩金	0.6		10.2				22.6	122.8%
彩金比例	5.9%		8.0%				8.7%	
GBD/GPT	-0.1		-2.6		-1.1	-1.6	-2.7	3.8%
征税	0.0		-0.2		-0.1	-0.5	-0.6	200.0%
贡献毛利	0.5		7.4				19.3	162.7%
净交易利润	-2.9		-8.7				4.5	
赌场								
平均活跃账户数			18700				35600	90.4%
彩金/客户/每年			324				351	8.3%
衍生彩金			6.1				12.5	106.2%
净交易利润			1.0				4.7	389.7%
网络业务总指标								
营业额	10.2		133.1		111.3	162.0	273.3	
彩金	0.6		16.2		14.0	21.1	35.1	
-彩金比例					12.6%	13.0%	12.8%	
交易利润	-2.9		-7.8		2.5	6.7	9.2	
-交易利润比例					2.2%	4.1%	3.4%	
电话业务								
平均活跃账户数	167000		188000	12.6%			151000	-19.7%
客户每年下注	30		29	-2.7%			44	51.4%
赌注/下注单	56.47		61.86	9.5%			62.91	1.7%
营业额	283		340	20.0%	179.3	240.6	419.9	23.6%
彩金/客户/每年	264		254	-3.8%			318	25.2%
衍生彩金	44.1		47.7	8.3%	24.9	23.1	48.0	0.6%
彩金比例	15.6%		14.1%		13.9%	9.6%	11.4%	
征税	-2.7		-1.5	-43.0%	-0.5	-1.2	-1.7	10.4%
GBD/GPT	-19.1		-10.7	-43.8%	-3.7	-3.5	-7.2	-33.0%
贡献毛利	22.3		35.5	59.1%	20.7	18.4	39.1	10.3%
净交易利润	10.1		16.4	62.1%	7.6	8.0	15.6	-4.5%

APPENDIX 5 / 富达内部研究范例：威廉·希尔公司（William Hill）（2003年春）

2002年上半年实值	%	2002年上半年估值	%	2002年估值	%	2003年估值	%	2004年估值	%	2005年估值	%	2006年估值	%	2007年估值	%
				1575		1583		1583		1583		1583		1583	
				1556	1.2%	1579	1.5%	1583	0.3%	1583	0.0%	1583	0.0%	1583	0.0%
				303	22%	317	3.0%	327	3.0%	337	3.0%	347	3.0%	358	3.0%
				7.5	10%	7.6	1.0%	7.6	1.0%	7.7	1.0%	7.8	1.0%	7.9	1.0%
1124	48%	1148	23%	2272	34%	2398	5.6%	2501	4.3%	2602	4.0%	2707	4.0%	2816	4.0%
198.2	1.3%	181.7	-3.2%	379.9	-0.9%	396.9	4.5%	412.8	4.0%	429.3	4.0%	446.5	4.0%	464.4	4.0%
17.6%		15.8%		16.7%		16.5%		16.5%		16.5%		16.5%		16.5%	
-10.6	26.2%	-12.2	10.8%	-22.8	17.5%	-23.8	4.5%	-24.8	4.0%	-25.8	4.0%	-26.8	4.0%	-27.9	4.0%
-29.7	-41.7%	-27.3	-37.6%	-57.0	-39.8%	-59.5	4.5%	-61.9	4.0%	-64.4	4.0%	-67.0	4.0%	-69.7	4.0%
157.9	15.8%	142.2	7.0%	300.1	11.4%	313.6	4.5%	326.1	4.0%	339.2	4.0%	352.7	4.0%	366.9	4.0%
				-5		0		0		0		0		0	
				-108	18.0%	-115	6.0%	-119	3.5%	-123	3.5%	-127	3.5%	-132	3.5%
				-104	0.1%	-110	6.0%	-115	4.5%	-119	3.5%	-123	3.5%	-128	3.5%
-106.2	14.0%	-111.1	9.0%	-217.3	11.4%	-225.1	3.6%	-234.0	4.0%	-242.2	3.5%	-250.7	3.5%	-259.5	3.5%
51.7	19.4%	31.0	0.4%	82.8	11.5%	88.5	7.0%	92.1	4.0%	96.9	5.3%	102.0	5.2%	107.4	5.2%
				2999	1.0%	3029	0.0%	3059	0.0%	3090	0.0%	3120	0.0%	3152	0.0%
				221.5	6.0%	223.7	-15.0%	217.0	-3.0%	219.2	1.0%	221.4	1.0%	223.6	1.0%
14.9	8.8%	15.5	5.7%	30.4	7.2%	25.9	-15.0%	25.1	-3.0%	25.3	1.0%	25.6	1.0%	25.9	1.0%
17.5	8.7%	18.3	5.5%	35.8	7.1%	30.4	-15.0%	29.5	-3.0%	29.8	1.0%	30.1	1.0%	30.4	1.0%
				-2.0	2.0%	-2.1	5.0%	-2.2	1.0%	-2.2	1.0%	-2.2	1.0%	-2.2	1.0%
				-5.3	6.7%	-4.5	-15.0%	-4.4	-3.0%	-4.4	1.0%	-4.5	1.0%	-4.5	1.0%
-3.6	5.9%	-3.8	4.8%	-7.4	5.3%	-6.7		-6.6		-6.6		-6.7		-6.8	
13.9	9.4%	14.5	5.7%	28.4	7.5%	23.7	-16.4%	22.9	-3.4%	23.2	1.0%	23.4	1.0%	23.6	1.0%
10.4	10.4%	10.6	5.3%	21.0	7.8%	16.0	-24.0%	14.8	-7.4%	14.6	-1.2%	14.4	-1.3%	14.2	-1.5%
		1.0		1.0		8.0		10.4	30%	11.4	10%	12.6	10%	13.8	10%
62.1	17.8%	42.7	5.4%	104.8	12.4%	112.5	7.4%	117.3	4.2%	123.0	4.9%	129.0	4.9%	135.4	4.9%
126000				134550	38.0%	150696	12.0%	168780	12.0%	185657	10.0%	200510	8.0%	212541	6.0%
				112	15.0%	117	5.0%	121	3.0%	124	3.0%	128	3.0%	132	3.0%
				29.2	6.0%	29.2	0.0%	29.2	0.0%	29.2	0.0%	29.2	0.0%	29.2	0.0%
				438.8	68.2%	516.0	17.6%	595.3	15.4%	674.4	13.3%	750.3	11.2%	819	9.2%
				313.2	35.0%	322.6	3.0%	332.3	3.0%	342.2	3.0%	352.5	3.0%	363.1	3.0%
				42.1	86.3%	48.6	15.4%	56.1	15.4%	63.5	13.3%	70.7	11.2%	77.2	9.2%
				9.6%		9.4%		9.4%		9.4%		9.4%		9.4%	
-3.1		-3.2		-6.3	134.1%	-7.3	15.4%	-8.4	15.4%	-9.5	13.3%	-10.6	11.2%	-11.6	9.2%
-0.7		-1.2		-1.9	216.1%	-1.6	-15.4%	-1.9	15.4%	-2.1	13.3%	-2.3	11.2%	-2.5	9.2%
				33.9	75.6%	39.7	17.1%	45.8	15.4%	51.9	13.3%	57.7	11.2%	63.0	9.2%
				17.2	280.8%	21.9	27.3%	27.1	23.8%	32.3	19.0%	37.1	15.0%	41.4	11.5%
				49840	40.0%	55821	12.0%	61403	10.0%	64473	5.0%	67697	5.0%	71082	5.0%
				379	8.0%	387	2.0%	394	2.0%	402	2.0%	410	2.0%	419	2.0%
				18.9	51.2%	21.6	14.2%	24.2	12.2%	25.9	7.1%	27.8	7.1%	29.8	7.1%
				8.2	73.8%	9.2	13.3%	10.7	15.4%	11.5	7.6%	12.3	7.5%	13.3	7.5%
197.6	78%	260.1	61%	457.7	67.4%	537.6	17.5%	619.5	15.2%	700.4	13.1%	778.0	11.1%	849	9.1%
29.3	109%	31.7	50%	61.0	73.8%	70.2	15.0%	80.3	14.4%	89.5	11.4%	98.5	10.0%	106.9	8.6%
14.8%		12.2%		13.3%		13.1%		13.0%		12.8%		12.7%		12.6%	
11.3	352%	14.1	110%	25.4	175.3%	31.2	22.8%	37.8	21.3%	43.8	15.8%	49.5	13.1%	54.7	10.5%
5.7%		5.4%		5.5%		5.8%		6.1%		6.2%		6.4%		6.4%	
				160060	6.0%	163261	2.0%	166526	2.0%	169857	2.0%	173254	2.0%	176719	2.0%
				45		45		46	1.0%	46	1.0%	46	1.0%	47	1.0%
				64.80	3.0%	66.09	2.0%	67.42	2.0%	68.76	2.0%	70.14	2.0%	71.54	2.0%
243.5	36%	219.5	-9%	463.0	10.3%	486.5	5.1%	511.2	5.1%	537.2	5.1%	564.5	5.1%	593	5.1%
				324.4	2.0%	330.8	2.0%	337.5	2.0%	344.2	2.0%	351.1	2.0%	358.1	2.0%
27.5	10%	24.4	6%	51.9	8.1%	54.0	4.0%	56.2	4.0%	58.5	4.0%	60.8	4.0%	63.3	4.0%
11.3%		11.1%		11.2%		11.1%		11.0%		10.9%		10.8%		10.7%	
-1.9	280%	-1.7	45%	-3.6	113.89	-3.8	4.0%	-3.9	4.0%	-4.1	4.0%	-4.3	4.0%	-4.4	4.0%
-4.2	14%	-3.6	3%	-7.8	8.2%	-8.1	4.0%	-8.4	4.0%	-8.8	4.0%	-9.1	4.0%	-9.5	4.0%
21.4	3%	19.1	4%	40.5	3.5%	42.1	4.0%	43.8	4.0%	45.6	4.0%	47.4	4.0%	49.4	4.0%
9.1	20%	7.9	-1%	17.0	9.1%	18.0	5.5%	18.9	5.4%	20.0	5.4%	21.0	5.4%	22.2	5.3%

附录6：富达特殊价值基金的幻灯片演示文稿

（2006年7月）

安东尼·波顿会定期介绍他的基金和当前的持股情况。下面几张幻灯片源自2006年7月的富达特殊价值基金演示文稿，该投资信托基金的持股与富达特殊情况基金这一规模更大的开放式基金的持股相似。演示文稿显示了信托基金的最大持股、基金所属的板块及市值权重。另有三张演示文稿显示了基金的长期估值趋势。需要注意基金对市场板块中的某些持股与其基准指数富时综合指数之间存在的显著差异，而且证据表明，在波顿漫长的职业生涯中，价值股的业绩总体增长超过了成长股。

富达特殊价值的九大持股

	2006年6月30日	标准
英国石油	6.2	未被意识到的成长股
葛兰素史克公司	5.1	未被意识到的成长股
罗氏控股	5.0	未被意识到的成长股
里德·爱思唯尔	4.8	未被意识到的成长股
阿斯利康（英国）	3.4	未被意识到的成长股
特易购	3.2	有吸引力的资产
独立电视台	3.2	周转率
英国天然气集团	2.7	未被意识到的成长股
百代集团	2.6	有吸引力的资产

来源：富达，2006年6月30日

● APPENDIX 6 / 附录 6

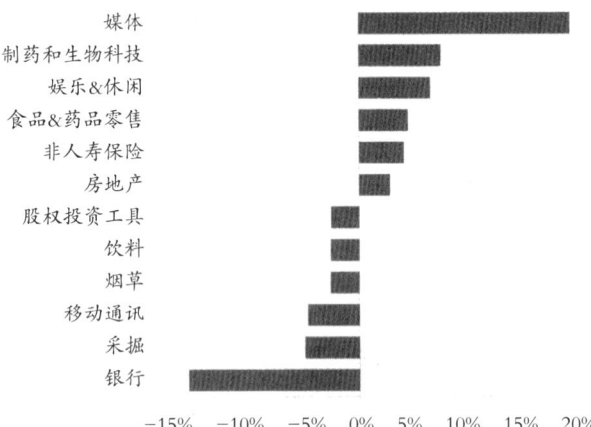

富达特殊价值——各板块权重

相对于富时综合指数权重最高的6个板块和权重最低的6个板块

来源：富达，2006年6月30日

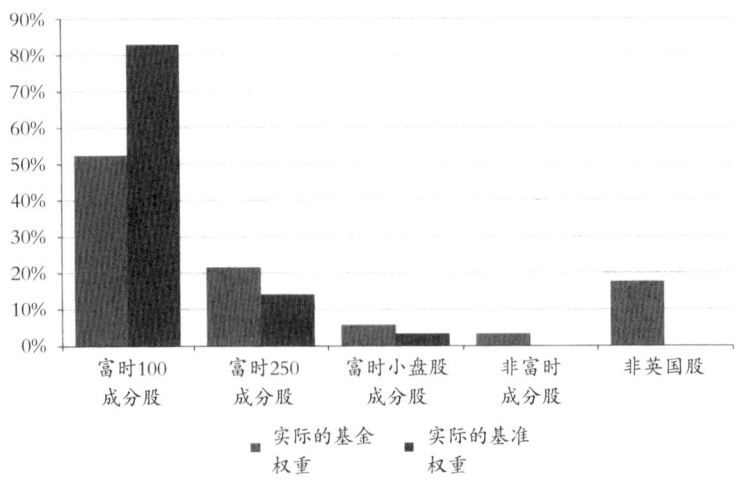

富达特殊价值——市值

来源：富达，2006年6月30日　基准：富时综合指数

富达特殊价值:非英国投资

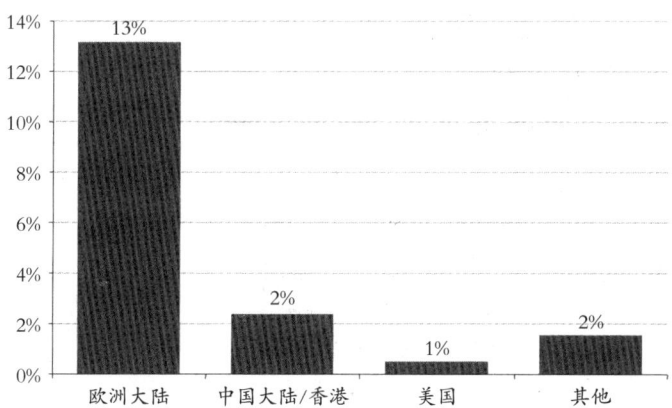

来源:富达,2006年6月30日

1975年以来英国股市成长股指数和价值股指数的相对表现

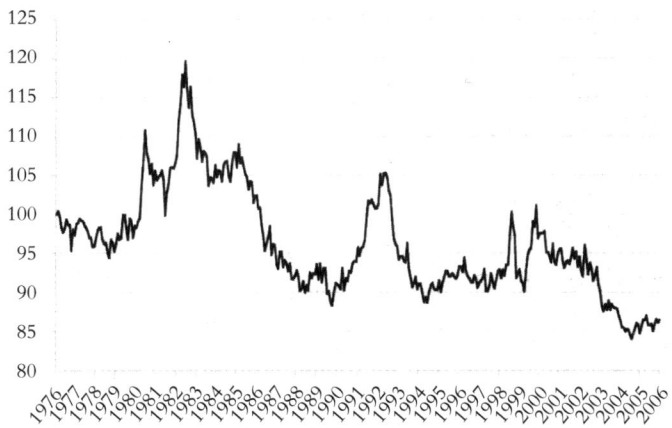

来源:数据流、价格指数、本币、MSCI指数,2006年6月

● APPENDIX 6 / 附录6

1975年以来英国股市成长股对价值股的市净率估值

MSCI英国指数市净率估值（成长股相对于价值股）

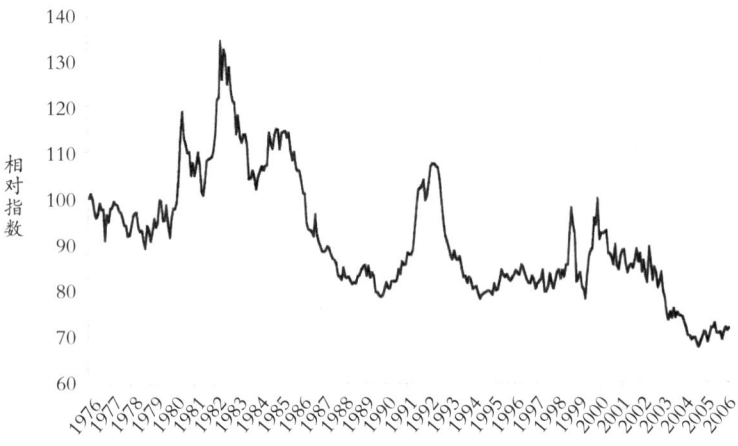

来源：数据流、MSCI指数、市净率（月度），2006年6月

英国的资本投资回报率

估值差异：相对于低资本回报率的高资本回报率

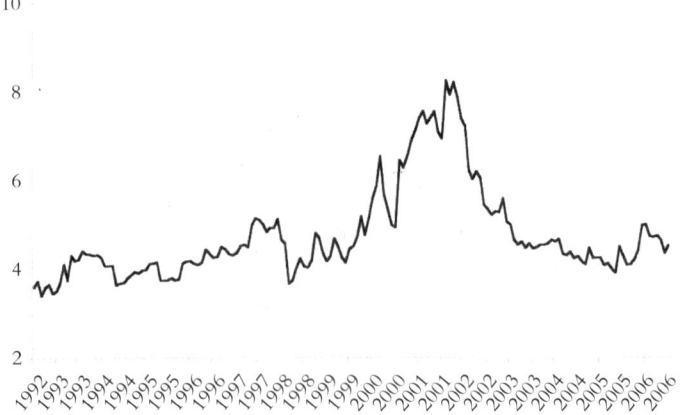

附录7：热爱音乐的一生：安东尼·波顿会带至荒岛的8张音乐唱片

将8张音乐唱片带至荒岛并非易事。我面临的问题是，我喜欢的音乐唱片有很多，要从中筛选出8张很难。最后，我选出了三张歌剧选段、两张交响乐、一张室内音乐、一张合唱音乐和一张流行音乐唱片。我做出选择后发现，在这8张唱片中，每一张都包含人声，有的是独唱，有的是合唱。我想真正吸引我的一定是语言和音乐的奇妙结合。

唱片1：莫扎特

《女人心》(*Cosi fan Tutte*)

《愿风儿轻轻吹》(*Soave sia il vento*)

我认为莫扎特是最伟大的作曲家。我发现很难在《魔笛》(*Magic Flute*)、《费加罗的婚礼》(*The Marriage of Figaro*)、《安魂曲》(*The Requiem*)或室内乐如《C小调小夜曲》(*the Wind Serenade*)之间做出选择，当然，我并没有列出全部名单。最后，我决定选择这首咏叹调，它描绘的是，两姐妹目送着他们的恋人登上了船，最后消失在天际，她们心里想着，爱人被召回服役后，可能再无相见之日了（但事实证明她们想错了）。她们希望能"风平浪静"。这首曲子最接近我心目中的完美音乐。

唱片2：普契尼（PUCCINI）

《托斯卡》（*Tesco*）

第二幕

我喜爱普契尼的大部分歌剧，包括不太知名的歌剧，如《燕子》（*La Rondine*）。我发现我很难从中选出一部。最后，我选择了所有歌剧中最具戏剧性的一场，也就是《托斯卡》第二幕的最后一部分。它描绘的是，当可恶的罗马警察局局长斯卡皮亚（Scarpia）向托斯卡走近时，我们听到她的爱人——画家卡瓦多西（Cavardossi）正在隔壁的房间里忍受折磨。托斯卡心烦意乱，为了救出卡瓦多西，她泄露了卡瓦多西隐瞒的一位重要政治家的藏身之处。托斯卡意识到，解救自己爱人的唯一方式是向走近的斯卡皮亚屈服。当斯卡皮亚企图占有托斯卡时，她刺死了他。我永远记得，我第一次开车穿过我们现在居住的西萨塞克斯郡（West Sussex）的小村庄时，我车里播放的就是这张唱片。那年晚些时候，我们回到了那个村庄，买下了我们现在居住的房子。

唱片3：布里顿（BRITTEN）

《小夜曲》（*Serenade*）

《挽歌》（*Elegy*）

布里顿必须出现在我的名单上。同样，我很难从他的乐曲中选出一首。我对他的歌剧评价很高，特别是《格洛里阿纳》（*Gloriana*）中的第二首路特琴歌《他之前很快乐》（*Happy were he*）、《彼得·格莱姆斯》（*Peter Grimes*）中的幕间乐曲和《仲夏夜之梦》（*A Midsummer's Night's Dream*）中几乎所有的乐曲。除了歌剧音乐外，我也喜欢他的《战争安魂曲》(*War Requiem*)和《第二颂歌》(*Second Canticle*),后者由两位歌手合唱,歌词也极为感人。我最终选择了《小夜曲》中的《挽歌》,它由男高音歌唱家演唱,配有号角声和弦乐。男高音布雷克(Blake)歌唱着一株正被虫子噬咬的玫瑰,歌词是"夜间飞来的无形蠕虫……发现了你那深红色的喜悦之床"。

唱片4:乔妮·米切尔(JONI MITCHELL)

《唐·璜鲁莽的女儿》(*Don Juan's Reckless Daughter*)

《热情的丝质面纱》(*The Silky Veils of Ardor*)

我想选择一张非古典音乐作品。我是乔妮·米切尔的忠实粉丝,她创作了许多精彩的歌曲,我上大学时第一次听到了它们。在她的作品中,原创音乐和出色的歌词相结合,深深地吸引了我。我本来可以从《峡谷女士们》(*Ladies of the Canyon*)选出很多曲目,或者从专辑《蓝》(*Blue*)中选择《加利福尼亚》(*California*),但我最终选择了这首鲜为人知的刻画年轻人爱情的曲目。这首歌曲的歌词令人难忘:"年轻人,他们就像星星……在夜空中闪烁……天亮后无踪影。"她知道这个世界是如何运转的!

唱片5:马勒(MAHLER)

《第二交响曲》(*Symphony II*)

第五乐章

我喜欢马勒的所有交响曲,但《复活交响曲》(*Resurrection Symphony*)是我的至爱。这是一部具有纪念意义的作品,第一乐章几乎就是一首迷你版的交响曲。让我感到讶异的是,马勒在早期就创作出了如此成熟的作品（他在二十多岁时就开始了《第二交响曲》的创作）。最后的乐章是合唱，就像贝多芬的《第九交响曲》一样气势恢弘。合唱团唱着："起来吧，涅槃重生吧！"他们起声时没有伴奏，异常轻柔，然后声音逐渐增强，最后达到气吞山河的高潮。

唱片6：泽姆林斯基（ZEMLINSKY）

《抒情交响曲》（*Lyric Symphony*）

《终曲》（*Vollende denn das letzte Lied*）

我最近才发现这部令人激动的作品。印度诗人、诺贝尔奖获得者拉宾德拉纳特·泰戈尔的歌词令人难以忘怀。我选择的是倒数第二乐章，女高音唱歌，管弦配乐。泽姆林斯基的这首曲子给人异国情调的感觉，会让人脑海里浮现这样奇异的画面：两位有情人在唱完情歌后，便分道扬镳、各奔东西了。

唱片7：理查德·施特劳斯（RICHARD STRAUSS）

《玫瑰骑士》（*Der Rosenkavalier*）

《献上银色玫瑰》（*The Presentation of the Silver Rose*）

非常幸运，十几岁时我的一位音乐教母向我介绍了这部歌剧。她是一位非常棒的女士，我非常感激她。她带我去考文特花园（Covent Garden），那里经常上演各种歌剧，还带我去格林德伯恩（Glyndebourne）和萨尔茨堡（Salzburg）去看歌剧。她还向我介绍了瓦格纳和理查德·施特劳斯的歌剧。她最喜爱的两部歌剧是瓦格纳的《名歌手》（*Die Meistersinger*）和施特劳斯的《玫瑰骑士》。她也喜欢施特劳斯的歌剧《莎乐美》（*Salome*），我也是。我无法从生物学的角度解释音乐如何影响情感，

APPENDIX 7 / 热爱音乐的一生：安东尼·波顿会带至荒岛的 8 张音乐唱片

但《玫瑰骑士》的这一幕深深打动了我：一位雇主命雇员将一束银色玫瑰送给他想与之成婚的女士，但这位雇员对这位女士一见钟情。我的反应完全是本能的。

唱片 8：安东尼·波顿

《一组颂歌》（*A Garland of Carols*）

《亲吻宝贝》（*A Kiss for the Baby*）

我觉得选择我自己谱写的音乐是非常自恋的行为。《一组颂歌》中包含 10 首颂歌和由男童合唱、竖琴伴奏的插曲。创作这组颂歌花了我 7 年的时间。它以本杰明·布里顿的《颂歌的仪式》（*Ceremony of Carols*）为蓝本创作。《亲吻宝贝》是以竖琴伴奏的两首高音独唱曲。为庆祝我们的 20 年结婚纪念日，我和莎拉去马尔代夫度假。一天我正沿着巴阿环礁（Baa Atoll）美丽的海滩散步时，灵感突然涌现，《亲吻宝贝》的主旋律由此确定。我希望我的新荒岛生活也能带给我这样的灵感。

其他音乐作品候选名单

在最终确定 8 张唱片的名单之后，我还列出了其他音乐作品的名单。对于其中的很多作品，我不确定它们是否符合上述 8 张唱片的特质。也许在不同的时间和不同的心情下做选择时，它们就会被选中。这些音乐作品按字母顺序依次为：

巴赫（BACH）

《大提琴组曲》（*Cello Suites*）

我有一张罗斯特罗波维奇（Rostropovich）演奏的该组曲的唱片，每次听它时都会有新的感觉。

● APPENDIX 7 / 附录 7

贝多芬（BEETHOVEN）

《第四钢琴协奏曲》（*4th Piano Concerto*）

一般来说，我对贝多芬音乐的评价不如其他人的高，但我非常喜欢这首钢琴协奏曲。

柏辽兹（BERLIOZ）

《安魂曲》（*Requiem*）

第一次听这首曲子时我还在剑桥上学，当时在神秘的伊利大教堂（Ely Cathedral）内聆听了现场演奏版。

勃拉姆斯（BRAHMS）

《单簧管五重奏》（*Clarinet Quintet*）

单簧管的音色独特而美妙，勃拉姆斯的五重奏对这一点的反映是最出色的。

德彪西（DEBUSSY）

《佩利亚斯与梅莉桑德》（*Pelleas et Melisande*）

德彪西的唯一一部歌剧，在梅特林克戏剧的基础上创作。歌剧中，奇妙的音乐像连绵不绝的溪流一样推动剧情向前发展，而且没有什么重复。我最近在格林德伯恩观看了一场出色的演出，其中的一幕场景是，梅莉桑德出现在一盏巨大的枝形吊灯中！

埃尔加（ELGAR）

《谜语变奏曲》（*The Enigma Variations*）

没有哪首乐曲比它更具英国特色了，尤其是鼓舞人心的"猎谜"（Nimrod）部分。

《杰罗修斯之梦》（*The Dream of Gerontius*）

我上学时曾参加过这首英国杰作的演出。演奏中，我负责打击乐器，包括在杰罗修斯死亡时敲一声锣。不幸的是,我过早地敲了锣,导致他早几个节拍死去了。

弗兰克(FRANK)

《小提琴奏鸣曲》(*Violin Sonata*)

第一次听这首曲子时,我还在剑桥上学。奥尔德堡音乐节(Aldeburgh Festival)上有这首曲子的演奏,它动人心魄的力量和优美的旋律让我惊叹不已,现在聆听依旧有当时的感觉。

格里格(GRIEG)

《"牧羊女"抒情曲》("*Haugtussa*"*Lieder*)

抒情曲的最后一部分描绘的是"潺潺流淌的小溪",它是格里格最杰出的乐曲,简单却令人叹为观止。

亨德尔(HANDEL)

《罗德林达》(*Rodelinda*)中的"Io t'abbraccio"

两位女歌唱家的声音交织在一起,唱出了天籁般的咏叹调。

《牧师扎多克》(*Zadok the Priest*)

这是所有合唱开场音乐中最伟大的作品。

霍尔斯特(HOLST)

《爱敦荒野》(*Egdon Heath*)

霍尔斯特用音乐完美地描绘了狂野荒凉的氛围。

亨策(HENZE)

《水女神》(*Undine*)

亨策创作的这部关于水女神的芭蕾舞曲是真正吸引我的现代作品之一,其管弦乐配曲非常棒!

亚纳切克（JANACEK）

《格拉高利弥撒曲》（*Glagolitic Mass*）

亚纳切克为管弦乐队创作的《古教会斯拉夫弥撒曲》（*Old Church Slavonic Mass*）包含管风琴演奏和合唱。其曲风强劲有力，有时可在户外演奏。

梅西安（MESSIAEN）

《二十次凝视圣婴》（*Vingt Regards sur L'enfant Jesus*）

20种钢琴变奏诠释了各种各样精彩的变化。

普罗科菲耶夫（PROKOFIEV）

《罗密欧和朱丽叶》（*Romeo and Juliet*）

聆听这首芭蕾舞曲的感觉是极美妙的。

拉赫玛尼诺夫（RACHMANINOV）

《晚祷》（*Vespers*）

听到这首曲子，马上就听到了俄罗斯东正教派（Russian Orthodox Church）的精髓，绕梁三日，不绝于耳。

《大提琴奏鸣曲》（*Cello Sonata*）

一首旋律简单却优美动听的奏鸣曲。我特别喜欢第二乐章。莎拉和我最近一次现场聆听是在阿马尔菲（Amalfi）海岸的拉维罗（Ravello）度假时。

拉威尔（RAVEL）

《舍赫拉查德》（*Sheherazade*）

最近才发现这首曲子，女中音和管弦乐队相结合，充满了奇妙的异国情调。

《弦乐四重奏》(String Quartet)

内容丰富、温暖人心的四重奏。拉威尔和德彪西是我自幼就崇拜的两位作曲家。我第一次听这首曲子时正躺在学校的床上，趴在被窝里抱着一台晶体管收音机。

圣桑 (SAINT-SAENS)

《动物狂欢节》(Carnival of the Animals) 中的 "Hemiones"

这首短曲令人回味无穷，后被影片《甘菊草地》(The Camomile Lawn) 用为插曲。

肖斯塔科维奇 (SHOSTAKOVICH)

《第十交响曲》(10th Symphony)

听上去不祥却又动听的曲子。

西贝柳斯 (SIBELIUS)

《第一交响曲》(1st Symphony)

虽不如之后的交响曲出名，但仍称得上杰作。

沃恩·威廉斯 (VAUGHAN WILLIAMS)

《伦敦交响曲》(London Symphony)

非常具有英国本土特色的作品。我喜欢节奏舒缓的第二乐章。

威尔第 (VERDI)

《唐卡洛斯》(Don Carlos)

我们的管家兼朋友马克·伯顿 (Mark Burton) 向我推荐了这部歌剧。我现在非常喜欢它。

《安魂曲》(Requiem)

我认为这是威尔第最动人心魄的作品。

● APPENDIX 7 / 附录 7

瓦格纳（WAGNER）

《指环》（*Ring Cycle*）

我记得我在斯托（Stowe）学校的钢琴老师说，他在欣赏了《指环》的表演后，在几周内都听不进其他音乐。当时我理解不了原因，但现在明白了。这样宏大的作品，其魅力是无法抵挡的。

I NVESTING WITH
ANTHONY BOLTON

附录8：富达特殊情况基金给基金持有人的首期报告的部分页面（1980年10月）

- **基金经理报告**

自9个月前（1979年12月）发行以来，该信托基金的单位价格由最初的25.0英镑上涨至1980年10月1日的38.6英镑，涨幅为54.4%。同一时期，富时精算综合指数（F. T. Actuaries All-Share Index）上涨了23.6%。这些数字表明，经过三、四、五月份的调整后，英国股市在这一时期内表现坚挺，综合指数近来一直处于高点。富时30指数（30 Share Index）涨幅较低（11.6%），这主要是因许多大制造业企业的股价相对疲弱所致。

对特殊情况公司而言，这是极好的环境，尤其是下列公司，表现

● APPENDIX 8 / 附录8

十分亮眼。

公司	净利润率	持有时间
C. T. 宝灵10% 金可转换保险（C. T. Bowring 10% Conv.）	26%	4个月
坎迪卡（Candecca）	95%	5个月
埃尔斯堡·戈尔德（Elsburg Gold）	61%	1个月
高夫·库珀（Gough Cooper）	33%	2个月
霍华德·约翰逊（Howard Johnson）	40%	1个月
特比特集团（Tebbitt Group）	43%	1周
乌尔特拉马	20%	1个月
KCA	20%	4个月
吉尔斯·格罗斯（Geers Gross）	19%	6个月

与个人投资者获得的利润不同，新《预算案》（Budget）规定，通过信托基金获得的利润免交资本利得税。这样，100%的基金收益可被再投资，相比之下，个人投资者获得的收益中，仅70%可被用于再投资，其余要上缴资本利得税。当前的投资组合中，60%的股票是在两个月内买入的，这凸显了基金经理奉行的积极政策。组合中仍保留的股票中，表现良好的包括：第一国民金融公司（First National Finance Corp）上涨了34%、斯特拉塔石油（Strata Oil）上涨了84%、伦敦投资信托（London Investment Trust）上涨了33%、卡列尔投资信托（Carliol Investment Trust）涨幅超过了60%。当然，由于信托基金的性质，也存在表现令人失望的股票：对罗德西亚债券（Rhodesian Bonds）的投资收益低于市场预期，导致了亏损。

下一部分将详细介绍本信托基金的投资政策。鉴于当前许多公司的前景不明朗以及整个市场的波动性增强，我们认为积极的专业管理和本基金遵循的政策在今天比以往更有意义，而且应该能持续产生高于平均

APPENDIX 8 / 富达特殊情况基金给基金持有人的首期报告的部分页面（1980年10月）

水平的收益。另外，我们认为经济好转趋势已经出现，80年代的股票投资金融环境要比70年代更有利。

安东尼·波顿

1980年10月1日

理查德·廷伯莱克

信托基金的目标

本信托基金的目标是以价值被低估的"特殊情况"多元化投资组合实现高于平均水平的资本升值。

什么是"特殊情况？

几乎任何处于特殊时期的股票都可能被视为特殊情况，一般情况下指的是相对于净资产、股息或每股的未来盈余，价值比较有吸引力的公司，但它可能还具有其他对股价产生短期正面影响的特征。这些公司股价的波动性通常高于平均水平，因此风险较高，潜在的回报也比较高。特殊情况往往包括这几类：小规模的成长股、复苏股、资产股、新发行股、即将被收购的公司股、能源和资源股、重组或改变业务的公司股和新技术公司股。认可单位信托（Authorized Unit Trusts）可将其5%的资产投资于非上市证券，并且可不时地使用此特许权。

想法的来源

关于信托基金持股的各种想法来自50多位与富达关系密切的伦敦和区域性股票经纪人，区域性股票经纪人对当地小公司的分析非常有参考价值。其他来源包括富达在英国和海外的研究人员。基金管理人员会定期与富达在波士顿的大型研究部门以及在美国和世界各地的富达投资经理人进行联系，后者参与管理富达的国际基金业务。

投资组合

投资经理收到海量的意见后会进行筛选，从上述各个类别的特殊情况中进行筛选，最后形成包括30~40只股票的投资组合。每只新股票都会以现有的投资组合进行判断。持有含30只或更多股票的组合时，单只股票的波动性和由此产生的风险会大大降低。组合内的股票会得到持续的监测和再评估，而且，当实现投资目标或发现新股后，组合中原有的一些股票会被卖出。

因此，基金经理对投资组合的管理是比较积极的，股票的换手率比较高。未达到预期的股票会被出售（即使是亏本），这样可以降低因错过了更好的"情况"而导致的"机会成本"。通常情况下能获得短期收益，而且，最近法律消除了认可单位信托的资本利得税，这使得积极的管理更具有吸引力了。

本信托基金具有一定的灵活性，可将不超过20%的资金投资于海外。海外股票的选取方法与英国股票类似。除了大大增加了投资机会外，海外多元化还具有进一步降低投资组合整体波动性的好处。

信托基金通常是满仓投资的，而且一般不会靠市场时机做决策。

股息政策

由于信托基金旨在最大限度地寻找最佳的资本收益机会，因此各年的收益率差异可能较大，管理人员不受这一条件的限制：支付至少与上一年相同的股息。

APPENDIX 8 / 富达特殊情况基金给基金持有人的首期报告的部分页面（1980年10月）

基金收益

1980年10月15日给每单位特殊情况基金分配的收益为0.43英镑。

有吸引力的策略

无论股市的整体走势如何，特殊情况都是存在的。该信托基金的满仓投资政策（fully invested policy）迫使经理寻找此类股票，并确认其中最具吸引力的。

- **申请表**

致：富达国际管理有限公司

地址：伦敦皇后街62/63号，白金汉宫，邮编：EC4R 1AD。

办公室注册地址如上所示。英国注册号为：1448245

我/我们希望在收到此申请表时以现行报价向富达特殊情况信托基金投资_____英镑。

我/我们附上以"富达国际管理有限公司"为收款人的汇款。

最低初始投资额为500英镑。

• APPENDIX 8 / 附录 8

请根据需要在方框内打对勾：

收益自动再投资	☐
获知股票交换计划（Share Exchange Scheme）的详情	☐
获知富达金边债券和固定利率信托基金（Fidelity Gilt and Fixed Interest Trust）的详情	☐
获知富达最大收益股权信托基金（Fidelity Maximum Income Equity Trust）的详情	☐
获知富达成长+收入信托基金（Fidelity Growth+Income Trust）的详情	☐
获知富达美国信托基金（Fidelity American Trust）的详情	☐
获知美国特殊情况信托基金（Fidelity American Special Situation Trust）的详情	☐

姓（先生/夫人/女士）：_____

全名：_____

地址：_____

邮编：_____

我/我们已经年满18周岁。

签名：_____

（若有联合申请人，则所有人都必须签名，且所有人的姓名和地址都要填写完整。）

代理人盖章
增值税发票号码

APPENDIX 8 / 富达特殊情况基金给基金持有人的首期报告的部分页面（1980年10月）

- 以下是报告的英文版截图

MANAGERS REPORT

Since the launch of the Trust some 9 months ago in December 1979 the offer price of the units has risen 54.4%, from 25.0p to 38.6p at 1st October 1980. During the same period the F. T. Actuaries All-Share Index has risen 23.6%. As these figures suggest the U.K. Stock Market has been firm during this period and, after some consolidation in March, April and May, the All-Share Index has recently risen into all time high ground. The 30 Share Index has lagged behind (up 11.6%) mainly reflecting the relative weakness of the shares of many leading manufacturing companies.

It has been an excellent environment for Special Situation Companies. Notable successes have been the following:

Company	Net Profit	Average Holding Period
C. T. Bowring 10% conv.	26%	4 months
Candecca	95%	5 months
Elsburg Gold	61%	1 month
Gough Cooper	33%	2 months
Howard Johnson	40%	1 month
Tebbitt Group	43%	1 week
Ultramar	20%	1 month
KCA	20%	4 months
Geers Gross	19%	6 months

Unlike profits made by individual investors these realised profits within the Trust are completely free of capital gains tax as a result of the change of rules in the last Budget. Thus 100% of these profits were reinvested in other attractive situations as against only 70% if they had been made by private investors liable to capital gains tax. Over 60% of the current portfolio are shares purchased in the last two months highlighting the managers active policy. Good profits on shares still retained are: First National Finance Corp up 34%, Strata Oil up 84%, London Investment Trust up 33% and Carliol Investment Trust up over 60%. Of course there have been some disappointments as will always happen with a Trust of this nature: the settlement terms for the Rhodesian Bonds were below market expectations and our holding was cut at a loss.

The investment policy of the Trust is described in greater detail in the next section. Given the mixed outlook for many companies at the current time and the increased volatility of the market as a whole, we believe that full-time active professional management and the policy followed by this Trust are more relevant today than ever and should continue to produce above average results. Additionally, we believe that trends have already started within the economy and the financial environment which could make the eighties a very much more attractive period than the seventies for equity investments in general.

1st October 1980

Anthony Bolton
Richard Timberlake

Aim of the Trust

The aim of this Trust is to produce above average capital appreciation from a diversified portfolio of undervalued 'Special Situations'.

What is a Special Situation?

Almost any share at a particular time can be a special situation. In general it will be a company attractively valued in relation to net assets, dividend yield or future earnings per share, but additionally having some other specific attraction that could have a positive short term influence on the share price. Often the price action in these situations will show above average volatility resulting in higher risk as well as higher potential reward. Special Situations tend to fall into the following categories: small growth stocks, recovery shares, asset situations, new issues, companies involved in bids, energy and resource stocks, companies reorganising or changing their business and new technology situations. Authorised Unit Trusts are allowed to invest up to 5% of their assets in unquoted securities and from time to time use is made of this concession.

Sources of Ideas

A wide range of ideas for potential holdings in the Trust is sought from over fifty London and Regional Stockbrokers with whom Fidelity is in close contact. With small local companies the Regional Stockbroker's help is invaluable. Other sources are Fidelity's own research capabilities both in the U.K. and overseas. Regular contact is maintained with Fidelity's large Research Department in Boston and the Fidelity investment managers based in America and around the world involved in the management of Fidelity's International Funds.

APPENDIX 8 / 附录 8

The Portfolio

These large numbers of ideas are then sifted by the investment manager to arrive at a concentrated portfolio of about 30-40 shares from several of the categories mentioned above, each new idea being judged against the current portfolio. By holding a portfolio of 30 or more shares the volatility and risk inherent in any individual share is greatly diminished. The holdings are continually monitored and re-assessed, and are sold either when they have achieved their objective or when a better idea is found.

As a result the management of the portfolio tends to be fairly active and the turnover is high. Shares that fail to live up to expectations are sold (even if this is at a loss) to reduce the "opportunity cost" of missing a better situation. Short term profits are often taken and this general policy of active management has been made more attractive by the recent change in the law ending the liability to any capital gains tax within authorised Unit Trusts.

The flexibility is also retained to invest a proportion of the Fund overseas, although this proportion is usually not more than 20% of the Trust. Overseas shares are chosen on a similar basis to U.K. shares. As well as increasing substantially the investment opportunities this overseas diversification has the advantage of further reducing the overall volatility of the portfolio.

The Trust is usually fully invested and market timing decisions are not normally attempted.

The Dividend Policy

Because the Trust aims to have maximum flexibility to seek out the best opportunities for capital gain the income yield may vary considerably from year to year and the managers are not restricted by the requirement to pay a dividend at least as high as the previous year.

Income

The distribution for Special Situations units payable on 15th October 1980 amounts to 0.43p net per unit.

An Attractive Strategy

Nearly always, whatever the overall stock market trend, Special Situations exist. The Trust's fully invested policy forces the manager to seek out such shares and to identify the most attractive.

APPLICATION FORM

To: **Fidelity International Management Limited**
Buckingham House, 62/63 Queen St.,
London EC4R 1AD

Registered Office as above. Registered in England No. 1448245.

I/We wish to invest £ _____
in units of Fidelity Special Situations Trust at the offer price ruling on receipt of this application. I/We enclose a remittance payable to 'Fidelity International Management Limited'.

Minimum initial investment is £500

Tick boxes for the following:

Automatic re-investment of income	☐
Details of the Share Exchange Scheme	☐
Details of Fidelity Gilt and Fixed Interest Trust	☐
Fidelity Maximum Income Equity Trust	☐
Fidelity Growth + Income Trust	☐
Fidelity American Trust	☐
Fidelity American Special Situation Trust	☐

Surname _____
(Mr/Mrs/Miss)

First name(s) in full _____

Address _____

Post Code _____

I am/We are over 18 years old.

Signature(s) _____

(if there are joint applicants, all must sign and attach names and addresses separately.)

AGENT'S STAMP

VAT Number

扫码免费听
《高效能人士的七个习惯》有声书